Guitar magazine

입문자를 위한
재즈 기타
트레이닝북

카메이 타쿠마 지음
Takuma Kamei

부록음원
다운로드
FREE DOWNLOAD

SRMUSIC   www.srmusic.co.kr

머리말 [카메이 타쿠마 Takuma Kamei]

이 책은 <최강 재즈 기타 연습장>(2004년, Rittor-Music)에 <재즈 기타 실력향상 100가지 비기>(2011년, Rittor-Music)에서 발췌한 내용을 추가한 것으로 구성되어있다.

초판발매 후 20년이 지난 지금까지도 재즈 기타 기초 실력 강화에 필요한 연습과제는 변함이 없다. 이에 따라서 '개정증보판'을 출판하게 되었다.

●재즈 연습이란?

이 책은 재즈 입문 수준의 기타리스트를 위한 연습교본이다. 그렇다면 재즈는 무엇을 연습해야 할까? 재즈는 예를 들어 스탠더드곡을 연주하더라도 연주자에게 프레이즈를 맡기는 부분이 많다. 따라서 즉흥연주를 하기 위한 연습이 필요하다. 기존 재즈 연습에는 이론 학습이 필수적이기 때문에 입문자 입장에서는 접근하기 힘든 면이 있었다.

●머리보다 눈, 손, 귀 트레이닝을!

그러한 이유로 이 책에는 가능한 이론적인 내용이 배제되어있다. 예를 들어 재즈 교본에 반드시 등장하는 '토닉, 도미넌트, 서브도미넌트'와 같은 내용은 전혀 나오지 않는다. 이론보다는 다이어그램, 지판 그림을 많이 사용해 시각적으로 음을 파악하는 데에 중점을 두고 있다. 자주 사용되는 프레이즈와 코드 진행을 '귀'로 듣고 실제로 연주해서 '몸에 익히는' 방법을 사용하고 있는 것이다. 또한 기술적인 부분을 줄이고 악보 예도 쉽게 반복연습 할 수 있는 길이로 만들었다.

●프레이즈 소재로도 이용가능!

내용면에서도 단순한 연습교본은 물론, 프레이즈 소재로도 오랫동안 애용할 수 있도록 구성되어 있다. 프레이즈는 부록음원 99개로 나뉘어 담겨있다. '재즈 기타'라고 하면 어렵게 생각될 수 있다. 하지만 이 책에서 소개하는 다양한 패턴들을 익혀두면 그리 어렵지만은 않을 것이다. 재즈 기타를 팝이나 록처럼 친숙하게 연주할 수 있게 되길 바란다.

CONTENTS

Guitar *magazine*

입문자를 위한
재즈 기타
트레이닝북

제 1 장   기초실력 향상을 위한 메커니컬 트레이닝

제 2 장　투 파이브로 재즈 특유의 코드 & 스케일 익히기

각 장의 내용

STEP 1
우선은 기초지식을 익히자!

STEP 2
재즈 특유의 코드&스케일 익히기!

STEP 3
자주 나오는 코드 진행으로 어레인지 방법을 설명한다!

STEP 4
재즈 블루스로 응용력을 높여보자!

제1장
메커니컬 트레이닝으로 기초실력을 향상시킨다!
여기서는 스케일과 코드의 기초를 소개한다.
준비운동 수준이므로 여기서 막히지는 않을 것이다.

제2장
투 파이브로 재즈 특유의 코드&스케일을 익힌다!
'투 파이브'라 불리는 코드 진행을 통해서 재즈 특유의 코드 폼(P30~41)과 스케일(P42~51)을 배운다. 이처럼 이 책은 코드 폼& 스케일을 코드 진행으로 해설하므로 실전적이며, 이해하기 쉬울 것이다.

제3장
자주 나오는 코드 진행으로 백킹&솔로를 마스터한다!
재즈에서 필수적인 플레이 테크닉과 어레인지 소재를 소개한다.
재즈에서는 코드 진행과 동시에 백킹&솔로 어레인지를 함께 배우는 것이 효율적이다.

제4장
재즈 블루스 총정리!
재즈 블루스는 다양한 종류의 코드를 함께 다룰 수 있어 총정리 연습으로 좋다. 제3장에서 소개한 소재를 각자 연습에 사용해도 좋을 것이다.

즐겁게 실력을 향상시키자!!

제 1 장

기초실력 향상을 위한
메커니컬 트레이닝

먼저 손가락 준비운동을 해보자. 메커니컬 트레이닝이란 '음형과 리듬이 규칙적으로 배열된 트레이닝'을 의미한다. 따라서 기억하기 쉽고 반복연습에도 좋다. 특히 스케일과 포지션, 코드와 텐션음 학습에 적합하다. 기타 연습 때의 워밍업으로도 좋다. 이번 장은 난이도가 낮은 편으로, 첫 재즈 연습으로 매우 좋다. 몸에 익혀두기 바란다.

난이도 ★☆☆☆☆

마이너 펜타토닉 5가지 포지션을 익힌다

▶ Track Number 01

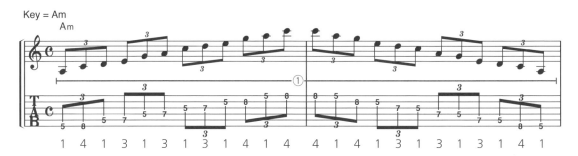

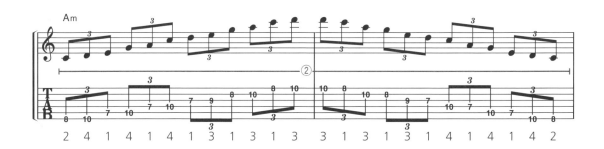

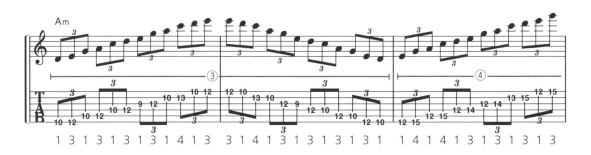

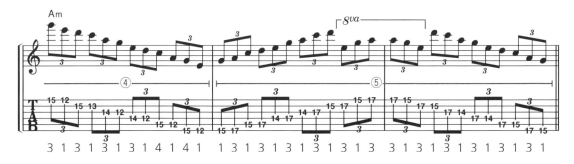

목표 다양한 포지션에서 마이너 펜타토닉을 연주할 수 있도록 하자

재즈에서도 '블루스 느낌'은 중요하다. 그 바탕이 되는 것이 '마이너 펜타토닉 스케일'이다. 다만 록처럼 하나의 펜타토닉 포지션으로 연주하는 일은 적다. 재즈에서는 어디까지나 멜로디 우선이므로 다양한 포지션을 자유롭게 오갈 수 있도록 하자.

프레이즈 설명

기본적인 5가지 포지션을 연속해서 플레이하는 악보 예다. 처음에는 아래의 그림을 보면서 연주하고(왼쪽 악보 예와 아래쪽 그림의 ①②③…은 연결되어있다), 시각 이미지로 익히는 것이 좋다. 얼터네이트로 연주하면 박자마다 피킹 패턴이 뒤바뀐다. 이때에도 항상 '박(=비트)'을 느끼면서 연주하자.

체크 포인트 ✔CHECK

심플한 펜타토닉 라인을 다양한 포지션으로 연속 플레이함으로써 지판 위의 음 배치를 익힐 수 있다. 하지만 막연하게 연주하는 것으로는 부족하다. 항상 루트음의 위치를 의식하면서 연주하는 것이 중요하다. 또한 아래 그림의 ①→②, ②→③ … 등의 이웃한 포지션끼리 '공통된 지판을 누르는 포인트'에도 주의해야 한다(예를 들어 ①과 ②라면 6번 줄 8f, 5번 줄 7f 등이 '공통된 지판을 누르는 포인트'다). 아래 그림으로 확인해보자.

●마이너 펜타토닉의 5가지 포지션

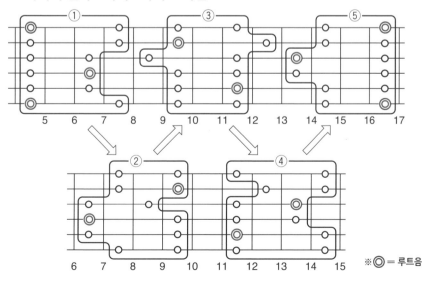

※◎ = 루트음

난이도 ★☆☆☆☆

메이저 펜타토닉 5가지 포지션을 익힌다

▶ Track Number 02

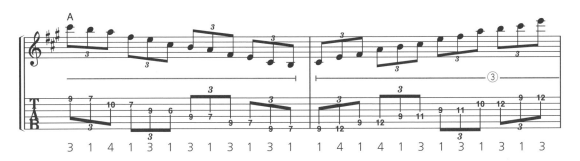

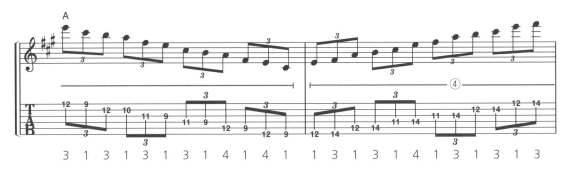

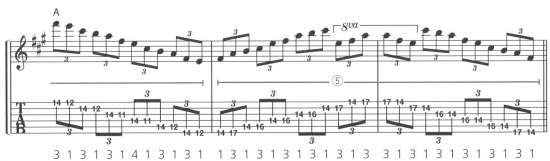

목표 다양한 포지션에서 메이저 펜타토닉을 연주할 수 있도록 하자

코드 느낌이 살아있는 프레이즈를 연주하기 위해서는 메이저 키에 대응하는 '메이저 펜타토닉 스케일'도 익혀두어야 한다. 같은 '펜타토닉'이라고 하더라도 마이너 펜타토닉과는 달리 밝은 분위기의 스케일이다. 여기서는 메이저 펜타토닉을 다양한 포지션에서 연주하는 트레이닝을 한다.

프레이즈 설명

마이너 펜타토닉과 마찬가지로 메이저 펜타토닉도 5가지의 포지션이 기본이 된다. 악보 예는 그 5가지 포지션을 연속해서 연주한 예다. 백킹에서 연주되는 A메이저 코드 하모니를 느끼면서 메이저 펜타토닉을 연주하는 것이 중요하다. 마이너 펜타토닉과 비교해 두 가지의 차이를 느껴보자.

체크 포인트   ✔CHECK

아래 그림을 보면 알 수 있듯이 지판 위의 배열이 앞에서 소개한 마이너 펜타토닉과 매우 비슷하다. 마이너 펜타토닉과 메이저 펜타토닉은 다른 스케일이지만 포지션으로 보면 같은 키의 마이너 펜타토닉 포지션을 3프렛 헤드방향으로 이동 시킨 것이다. 왼쪽 악보 예를 연주할 때에는 루트 음의 위치를 확인하면서 플레이하는 것도 중요하므로 아래 그림에서 루트 포지션을 정확히 확인하자.

●메이저 펜타토닉의 5가지 포지션

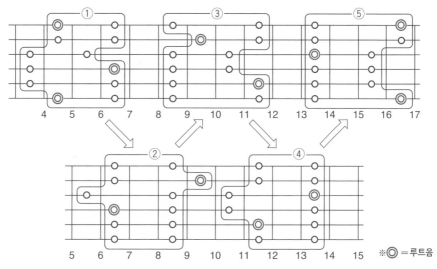

※◎ =루트음

난이도 ★☆☆☆☆

다양한 포지션에서 메이저 스케일은 연주한다

▶ Track Number 03

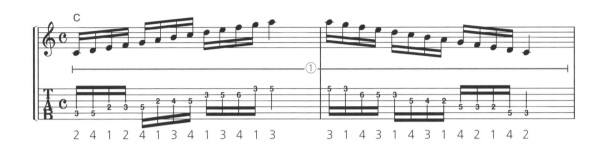

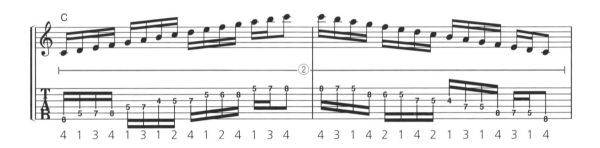

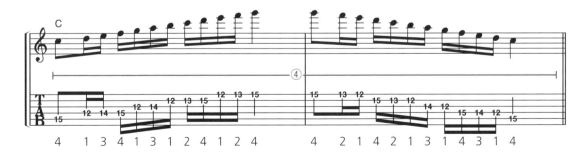

목표 메이저 스케일을 자유롭게 연주해보자

재즈에는 다양한 스케일이 사용되며, 그중 가장 중요한 것이 메이저 스케일이다. 기타라는 악기는 같은 음계와 프레이즈라도 다양한 포지션에서 연주할 수 있다. 프레이즈의 자유도를 높이기 위해서는 다양한 포지션을 익히는 것이 중요하다.

프레이즈 설명

악보 예는 메이저 스케일의 대표적인 4가지 포지션(아래 그림 참조)을 연속해서 연주하는 트레이닝 메뉴다. 연주할 때 주의할 점은 손가락을 곧게 세우고(특히 새끼손가락), 지판을 누를 때 손끝에 너무 힘을 주지 않아야 한다는 것이다. 재즈에서 많이 나오는 복잡한 운지로 연주하기 위해서는 필수적이다.

체크 포인트 ✔CHECK

여기서도 항상 루트음의 위치를 의식하면서 플레이해야 한다(아래 그림 참조). 각 음이름을 입으로 소리 내면서 연주하면 지판 위 음의 배치를 외우기 쉬울 것이다.

악보 예에 함께 표기된 운지는 어디까지나 한 가지 예다. 운지는 프레이즈와 다음으로 진행하는 포지션에 따라 항상 달라질 수 있다. 전체적으로 마스터한 후, 마지막음에서 악보 예 시작부분을 향해 연주해보거나 다른 키로도 연습하면 더욱 탄탄한 실력을 기를 수 있다.

●메이저 스케일의 필수 4가지 포지션

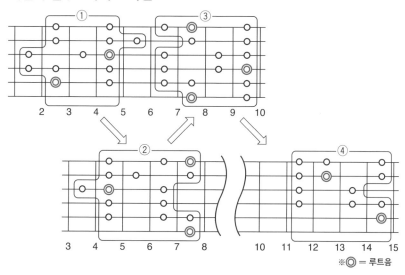

※◎ = 루트음

난이도 ★★☆☆☆

다이어토닉 코드의 기본 폼을 마스터하자!

▶ Track Number 04

●악보 예1 : 6번 줄 루트 (Key = F) *TRACK TIME 0'00"*

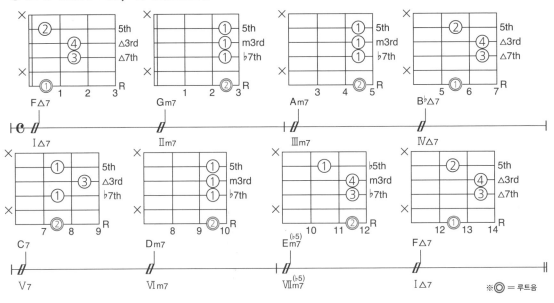

●악보 예2: 5번 줄 루트 (Key = B♭) *TRACK TIME 0'31"*

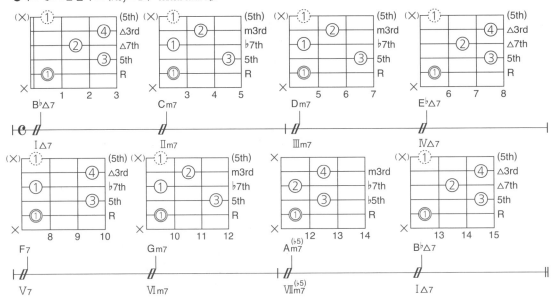

16

목표 4음 구성의 다이어토닉 코드 폼을 익히자

메이저 스케일(=이오니안)의 각 음 위에 3도 간격으로 4음을 쌓아올리면 4음 구성의 코드가 7개 만들어진다. 이것들을 '다이어토닉 코드'라고 하며, 재즈 코드 워크의 기본이 된다.

여기서는 그 중에서도 필수적인 6번 줄 또는 5번 줄에 루트가 있는 기본 코드 폼을 마스터 해보자.

프레이즈 설명

악보 예1은 Key=F에서 6번 줄 루트, 악보 예2는 Key=B♭에서 5번 줄 루트로 루트음이 메이저 스케일을 따라 움직인다. 팝스나 록의 코드와 크게 다른 부분은 옥타브 차이로 중복되는 음정이 생략되었다는 점이다. 때문에 일반적인 코드와는 다소 폼이 다르다는 점에 주목하자.

체크 포인트 ✔CHECK

먼저 불필요한 줄을 뮤트해야 한다. 5번 줄은 6번 줄을 누르는 손가락의 배부분, 1번 줄은 1번 손가락의 밑동, 또는 부분 바레한 손가락을 살짝 젖혀서 뮤트한다.

아래 그림과 같이, 각 코드의 지판을 누르는 베리에이션도 체크하자. 재즈에서는 앞뒤의 코드에 따라 더욱 효율적인 운지를 선택한다. 때로는

6번 줄을 엄지손가락으로 누르는 것도 효과적이며, 이것은 실제로 많은 아티스트가 사용하는 방법이다.

지판을 누른 음을 R, 5th음 등과 같이 도수로 말할 수 있으면 나중에 플레이할 때 도움이 될 것이다.

●지판을 누르는 손가락의 베리에이션

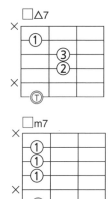
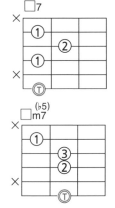
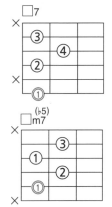

※ □△7, □7 등의 □안에는 루트음이 들어간다
※ ◎ = 루트음

난이도 ★★★☆☆

코드와 스케일의 위치관계 파악: 6번 줄 루트편

▶ Track Number 05

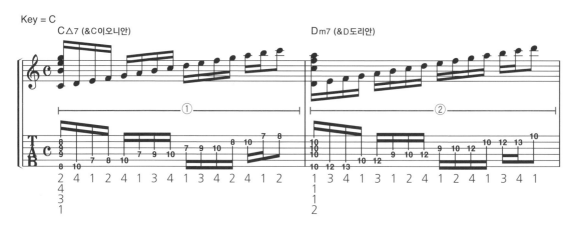

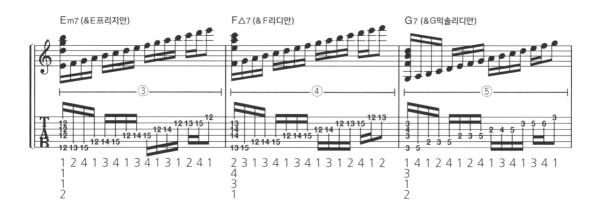

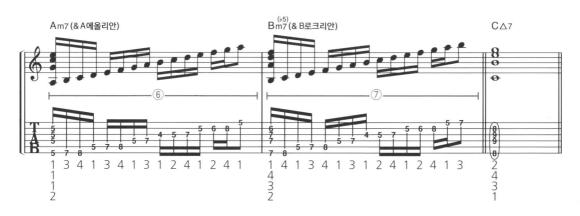

목표 6번 줄 루트의 다이어토닉 코드&스케일의 위치관계를 익히자

'스케일 연습'은 아무 생각 없이 랜덤으로 연주해서는 의미가 없다. 코드와의 관련을 의식하며 코드 하모니가 반영되는 연습을 하는 것이 중요하다. 따라서 각 기본 코드 폼과 가까이에 있는 스케일의 포지션을 함께 외우는 것이 효과적이다.

프레이즈 설명

악보 예는 Key=C에서 6번 줄 루트의 다이어토닉 코드&스케일이다. 각 마디 시작 부분에서 코드를 연주하고 다음은 그에 대응하는 스케일을 연주하는 트레이닝이다. 재즈에서는 극단적인 하이 포지션은 거의 사용하지 않으므로 5마디째의 G7 이후는 1옥타브 아래로 이동시켰다.

체크 포인트 ✔CHECK

각 마디 모두 시작 코드를 연주한 후에는 신속하게 단음 연주 핑거링으로 넘어간다. 각 코드는 명확하게 하면서 가능한 음을 늘여야 한다. 그리고 스케일 안에 포함된 코드와 공통된 지판을 누르는 포지션은 확실히 파악하자. 이렇게 하면 애드리브 때에 코드 톤 위치의 기준으로 이용할 수 있다. 아래 그림의 다이어그램으로 코드의 지판을 누르는 포지션과 스케일의 위치관계를 시각적으로 파악해두자.

●코드와 스케일의 위치관계: 6번 줄 루트

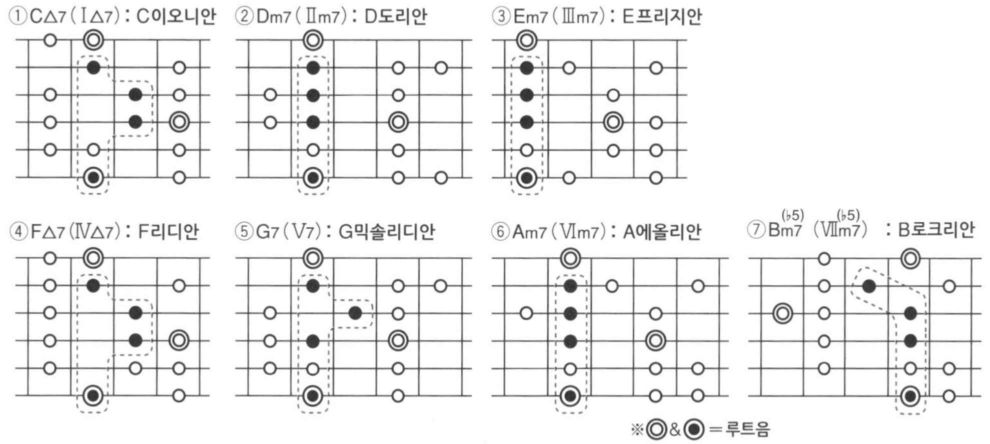

①C△7(Ⅰ△7): C이오니안　②Dm7(Ⅱm7): D도리안　③Em7(Ⅲm7): E프리지안

④F△7(Ⅳ△7): F리디안　⑤G7(Ⅴ7): G믹솔리디안　⑥Am7(Ⅵm7): A에올리안　⑦Bm7(♭5)(Ⅶm7(♭5)): B로크리안

※ ◎ & ● =루트음
※ ┈ 안에 있는 ● 또는 ◎를 누르면 각 스케일에 맞는 코드 폼이 된다.

19

난이도 ★★★☆☆

코드와 스케일의 위치관계 파악: 5번 줄 루트편

▶ **Track Number 06**

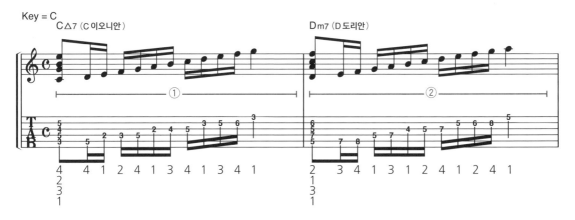

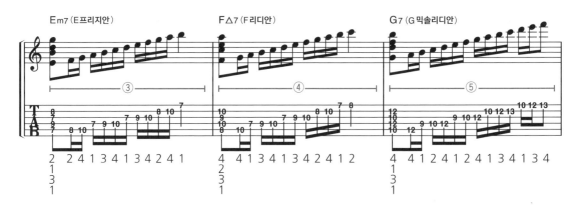

목표 5번 줄 루트의 다이어토닉 코드&스케일의 위치 관계를 익히자

6번 줄 루트 패턴에 이어 이번에는 5번 줄 루트 트레이닝에 도전해보자. 6번 줄 루트와 함께 마스터하면 일반적인 스탠더드곡을 플레이할 때 필요한 최소한의 요소는 마스터한 것

이다(다만 두 가지 모두 '모든 키'에 대응할 수 있어야 한다).

프레이즈 설명

악보 예는 6번 줄 루트와 마찬가지로 Key=C에서의 다이어토닉 코드&스케일을 5번 줄 루트에서 연속 플레이한 것이다. 각 마디마다 시작부분의 코드를 연주한 후에 스케일을 연주하는 흐름이다. 이러한 엑서사이즈는 조 패스와 같은 독주 스타일 연주의 기초실력을 기를 때에도 효과적이다.

체크 포인트 ✔CHECK

마찬가지로 각 코드의 지판을 누르는 포지션과 스케일의 위치관계를 아래 그림에 정리해보았다. 시각적으로 파악해보자.

악보 예에서는 7마디째 Bm7$^{(b5)}$에서 포지션 상 항상 1옥타브를 내렸지만 보사노바를 목표로 하

는 사람은 6마디째 Am7부터 1옥타브를 내려 개방현을 이용하는 포지션도 확인하자. 보사노바에서는 개방현도 적극적으로 이용하기 때문이다. 이것은 6번 줄 루트에서도 마찬가지다.

● 코드와 스케일의 위치관계: 5번 줄 루트

①C△7 (I△7) : C이오니안　②Dm7 (IIm7) : D도리안　③Em7 (IIIm7) : E프리지안

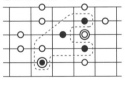 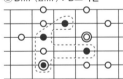 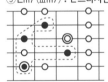

④F△7 (IV△7) : F리디안　⑤G7 (V7) : G믹솔리디안　⑥Am7 (VIm7) : A에올리안　⑦Bm7$^{(b5)}$ (VIIm7$^{(b5)}$) : B로크리안

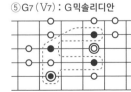 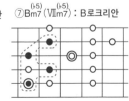

※◎&◉=루트음　※ ⌐ ⌐ 안에 있는 ● 또는 ◉를 누르면 각 스케일에 맞는 코드 폼이 된다.

21

난이도 ★★★★☆

재지한 솔로에 필수적인 코드 아르페지오 연습

▶ Track Number 07

● EX-1: 6번 줄 루트인 C음부터 시작되는 아르페지오(Key = C)

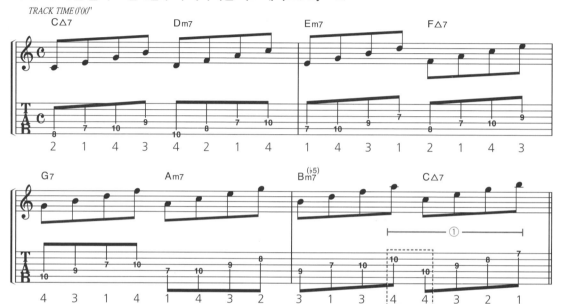

● EX-2: 5번 줄 루트인 C음에서 시작되는 아르페지오(Key = C)

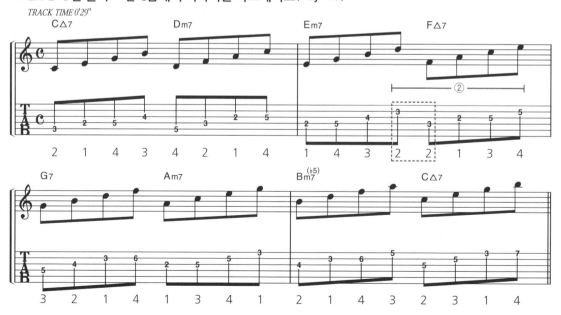

목표 솔로에서의 코드 느낌의 원천='코드 톤'을 익히자

재즈 느낌의 솔로 프레이즈에서는 코드 톤이 중요하다. 특히 비밥 느낌의 어프로치에는 스케일보다 각 코드의 구성음을 중심으로 하는 프레이즈가 많이 사용된다. 따라서 코드 톤 아

르페지오 트레이닝은 재즈 기타 실력향상에 필수적인 연습과제다. 이번에 정확히 배워보자.

프레이즈 설명

악보 예는 Key=C에서 다이어토닉 코드의 코드 톤을 차례대로 연주하는 트레이닝이다. 까다로운 운지지만 모두 재즈에서 많이 사용되는 것이므로 착실하게 연습해보자. 이러한 연습에는 다양한 패턴이 있다. 여유가 있다면 다른 패턴도 생각해보자.

체크 포인트 ✔CHECK

여기서 말하는 '아르페지오'는 포크나 록에서 '차례로 음을 쌓는 백킹'과는 달리 각 음이 겹쳐서 울리지 않도록 한다. '조인트' 방식으로 운지를 하지 않고 민첩하고 정확하게 지판을 누르며 이동하는 것이 포인트다. 그 중에서도 EX-1의 4마디째(①), EX-2의 2마디째(②)의 '줄 뛰어넘기' 부분은(악보

와 아래 그림에 붉은 색으로 표시된 부분) 같은 손가락을 사용해 다른 줄을 누르는 어려운 부분이다. 코드 체인지처럼 민첩하게 이동하자. 전체적으로 마스터한 후에는 하강형과 역행형에도 도전해보자.

① C△7

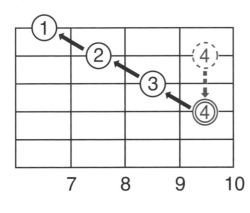

7   8   9   10

② F△7

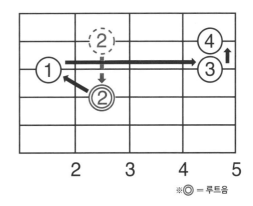

2   3   4   5

※◎ = 루트음

난이도 ★★★☆☆
7th코드의 텐션 배치를 마스터하자

▶ Track Number 08

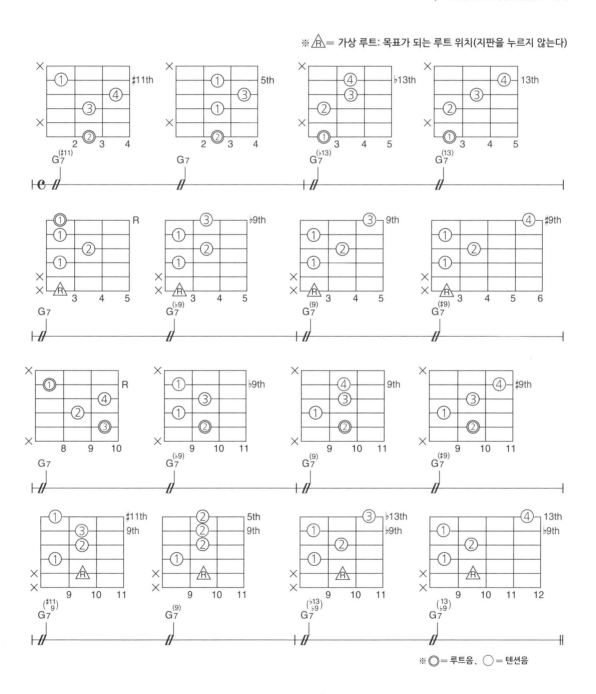

※ = 루트음, = 텐션음

목표 텐션 배치는 한꺼번에 기억하자

재즈에는 '텐션 코드'가 자주 사용된다. 특히 7th코드(□7)에는 다양한 텐션이 사용되므로 코드 폼을 하나씩 익히는 것으로는 효율이 떨어진다. 따라서 '바탕이 되는 7th코드+텐션 음'이라고 생각하고 위치관계를 한꺼번에 기억하자.

프레이즈 설명

1~4마디째는 6번 줄 루트, 5~8마디째는 5번 줄 루트의 7th코드에 1~2번 줄 위에 텐션음을 추가한 연습악보 예다. 각 텐션 코드의 울림을 확인하면서 플레이하자. ⒭는 '가상 루트'로 실제로는 지판을 누르지 않고 위치의 기준으로 삼는 포지션이다.

체크 포인트 ✓CHECK

우선 아래 그림에서 붉은색으로 표시된 각 텐션음의 포지션을 파악한다. 그 후에 텐션 코드의 폼을 익히면 효율적으로 마스터할 수 있을 것이다.
가상 루트의 폼은 루트를 누르는 것을 생략하므로 고음줄 쪽에서 더욱 다양한 폼으로 누를 수 있다(루트는 베이시스트가 연주하므로 생략해도 문제없다). 특히 7~8마디째처럼 여러 텐션음이 동시에 사용되는 경우에 유용하게 활용될 수 있다.

●6번 줄 루트의 G7코드와 텐션음(1~4마디째)

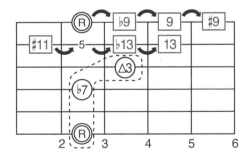

●5번 줄 루트의 G7코드와 텐션음(5~8마디째)

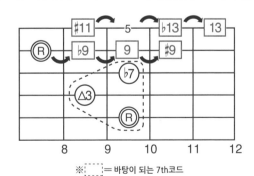

※ ⌐ ¦ = 바탕이 되는 7th코드

25

메트로놈은 최고의 연습친구

리듬을 유지하는 능력을 기르기 위해서는
메트로놈을 '2박째&4박째'에만 울리게 하자

재즈에서는 악기와 상관없이 메트로놈을 이용한 연습도 중요하다. '8분음표↔셋잇단음'을 비롯해 다양한 길이의 음표가 등장한다. 싱커페이션은 자주 또는 랜덤으로 사용되므로 리듬감을 더욱 강화시킬 필요가 있다.

메트로놈을 사용할 때 4박을 모두 울리게 하는 것이 일반적이지만 재즈에서는 '2박째와 4박째'에만 울리게 하는 것이 기본이다. 1박째와 3박째는 머릿속에서 울리게 한다. 이렇게 하면 저절로 리듬 유지 능력이 단련된다. 실제로는 메트로놈의 템포를 '플레이하는 템포의 절반'으로 설정해 클릭음을 '2박째와 4박째'로 듣는 방식으로 사용한다.

메트로놈이 울리게 하는 설정에는 이밖에도 다양한 방법이 있다. 예를 들면 2박째만, 3박째만, 4박째만, 8분음표 뒷박, 1박 반마다, 여러 마디 중에 한 번만 특정 박자에서 울리게 하는 등 다양하다. 다양한 리듬 악센트에 대해서 타임감을 유지하면서 플레이하는 연습은 리듬감 강화에 매우 효과적이다. 처음에는 잘 안 될 것이다. 리듬 게임을 즐기듯이 길게 연습하자.

메트로놈이 울리게 하는 방법과 설정 예

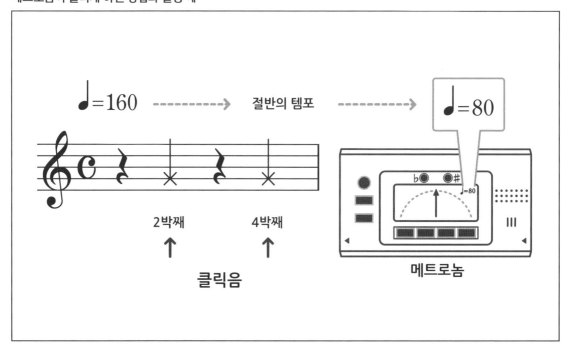

제 2 장

투 파이브로 재즈 특유의
코드 & 스케일 익히기

재지한 코드 진행의 중심부분이라면 역시 '투 파이브'다. Key=C라면
Dm7=G7이 투 파이브다. 그리고 G7의 코드에서는 상당히 많은 텐션
과 스케일이 사용되며, 이것이 '재즈는 어렵다'고 느끼게 하는 원인 중
하나다. 하지만 자주 사용되는 것은 얼마 안 되며 그것도 패턴이 정해
져 있다. 이번 장에서는 투 파이브 진행의 '파이브=G7'에 초점을 맞추
어 코드&스케일의 전형적인 사용 패턴을 소개한다.

투 파이브 기초지식

목표 투 파이브의 기본을 확인하자

재즈를 상징하는 기본 코드 진행의 최소 단위, 그것이 투 파이브다. 제2장에서는 이 투 파이브를 철저히 살펴본다. 전반부에서는 텐션이 들어간 코드 진행&코드 폼, 후반부에서는 스케일&솔로를 배운다.

실제 플레이에 들어가기 전에 그 기본구조에 대해서 살펴보겠다. 이번 장에서는 키를 Key=C or Key=Cm로 고정해서 해설하므로 이해하기 쉬울 것이다.

☐ 투 파이브란?

재즈에서는 Dm7-G7(Ⅱm7-Ⅴ7) 진행을 투 파이브라고 한다. 재즈 코드진행에서는 갑자기 G7로 가지 않고 일단 Dm7(Ⅱ: 투)을 경유한 후에 G7(Ⅴ: 파이브)으로 진행하는 것이 일반적이다. 이 독특한 코드 연계는 재즈만의 멋진 분위기를 연출할 때 좋다.

이 진행에는 왼쪽에 소개한 메이저형인 Dm7-G7 (Ⅱm7-Ⅴ7) 이외에 마이너형인 Dm7^(♭5)-G7(Ⅱm7^(♭5) -Ⅴ7)이 있다. 곡 안에서는 부분 자리바꿈을 포함해 다양한 부분에 이용된다.

☐ 투 파이브를 체감하자

●메이저형

오른쪽 악보 예는 C△7으로 안정되는 메이저형 투 파이브 원 진행이다. 간략한 악보 예이므로 재지하게 들리지 않을 수도 있지만 흐름을 느껴보길 바란다. 악보 예를 연주해보면 팝이나 포크 계열에서 많이 나오는 진행이라는 것을 알 수 있다. 즉, 투 파이브 자체는 재즈에만 한정된 것이 아닌 대중적인 진행이다.

●마이너형

Cm로 안정되는 마이너형 진행에서는 투(Ⅱ)의 코드가 Dm7^(♭5)이 되는 것이 포인트다. 록에서는 보기 힘든 코드지만 오른쪽 악보 예를 연주해보면 자연스러운 진행이라는 것을 알 수 있다. 참고로 Dm7^(♭5)에서 ♭5th음은 텐션음이 아니라 코드의 구성음이다. 단순한 Dm7으로는 이 자연스러운 진행감을 낼 수 없다.

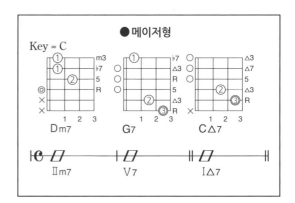

●메이저형
Key = C

Dm7   G7   C△7

Ⅱm7   Ⅴ7   Ⅰ△7

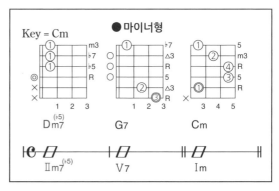

●마이너형
Key = Cm

Dm7^(♭5)   G7   Cm

Ⅱm7^(♭5)   Ⅴ7   Ⅰm

메커니컬 트레이닝 | **투 파이브** | 자주 나오는 코드 진행 | 재즈 블루스

□중요!! 루트음의 줄 이동 패턴

다음 페이지부터 41페이지까지를 공략하기 위해 먼저 파악해둘 것이 루트음의 줄 이동 패턴이다. 오른쪽 그림에는 투 파이브 뒤에 I로 진행하는 투(II) 파이브 (V) 원(I)형태로 루트음을 표시했다. 재즈의 코드는 루트음이 생략되는 경우가 많지만 그 경우에도 지판을 누르는 위치의 기준이 되는 루트 포지션을 항상 의식해야 한다. 솔로 플레이도 코드 진행에 바탕을 두고 연주하므로 마찬가지로 중요하다.

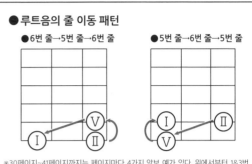

●루트음의 줄 이동 패턴

●6번 줄→5번 줄→6번 줄　　●5번 줄→6번 줄→5번 줄

※30페이지~41페이지까지는 페이지마다 4가지 악보 예가 있다. 위에서부터 1&3번째 악보 예가 '6번 줄→5번 줄→6번 줄', 2&4번째 악보 예가 '5번 줄→6번 줄→5번 줄' 패턴을 기본으로 하고 있다.

□투 파이브 대응 스케일

투(Dm7 또는 Dm7$^{(b5)}$) 부분에서 메이저형은 D도리안, 마이너형은 D로크리안이 사용된다. 스케일 이름이 다르다는 것만이라도 기억해두자. 파이브(G7) 부분은 메이저형 또는 마이너형 모두 매우 다양한 스케일이 사용되므로 42페이지 이후에서 해설하겠다. 어떤 것을 사용할 것인가는 프레이즈에 어떠한 분위기(≒하모니 느낌)를 줄 것인가에 따라 달라진다. 이것은 각 코드에 대한 텐션음도 마찬가지다. 이번 장의 악보 예를 실제로 연주해보고 그 실제 느낌을 파악해보기 바란다.

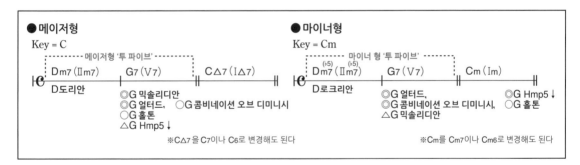

●메이저형

Key = C

메이저형 '투 파이브'

Dm7 (IIm7)　G7 (V7)　CΔ7 (IΔ7)

D도리안

◎G 믹솔리디안
◎G 얼터드,　　◎G 콤비네이션 오브 디미니시
◎G 홀톤
△G Hmp5↓

※CΔ7을 C7이나 C6로 변경해도 된다

●마이너형

Key = Cm

마이너 형 '투 파이브'

Dm7$^{(b5)}$ (IIm7$^{(b5)}$)　G7 (V7)　Cm (Im)

D로크리안

◎G 얼터드,　　　　　　　◎G Hmp5↓
◎G 콤비네이션 오브 디미니시,　◎G 홀톤
△G 믹솔리디안

※Cm를 Cm7이나 Cm6로 변경해도 된다

□제2장의 내용

이번 장의 내용은 다음과 같다.
●30~36페이지: 메이저형 투 파이브 진행과 G7(V7)의 텐션을 1페이지 단위로 소개
●37~41페이지: 마이너형 투 파이브 진행과 G7의 텐션을 1페이지 단위로 소개
●42~51페이지: G7 대응 스케일을 펼침면 2페이지로 소개한다. 즉 제2장의 전반부가 코드적인 내용, 후반부가 스케일이다. 전반부의 레이아웃이 약간 복잡하므로 오른쪽 그림을 잘 확인하기 바란다.

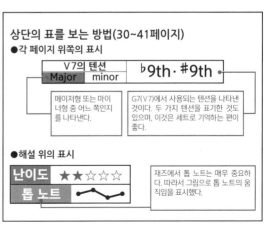

상단의 표를 보는 방법(30~41페이지)
●각 페이지 위쪽의 표시

V7의 텐션		b9th · #9th
Major	minor	

메이저형 또는 마이너형 중 어느 쪽인지를 나타낸다.

G7(V7)에서 사용되는 텐션을 나타낸 것이다. 두 가지 텐션을 표기한 것도 있으며, 이것은 세트로 기억하는 편이 좋다.

●해설 위의 표시

난이도	★★☆☆☆
톱 노트	

재즈에서 톱 노트는 매우 중요하다. 따라서 그림으로 톱 노트의 움직임을 표시했다.

V7의 텐션		없음
Major	minor	

텐션 없는 메이저형 투 파이브

▶ Track Number 09

메이저형 투 파이브의 완전 기본형: 1

Time 0'00"

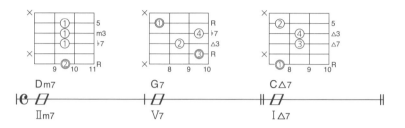

난이도 ★☆☆☆☆
톱 노트

Dm7은 1번 손가락으로 2~4 번 줄을 부분 바레한다. 그때 손가락을 약간 젖혀서 1번 줄을 뮤트하는 것이 포인트다. 이것은 톱 노트의 흐름을 유지하기 위해서다. 불필요한 5번 줄은 6번 줄을 누른 2번 손가락의 배부분으로 뮤트한다.

메이저형 투 파이브의 완전 기본형: 2

Time 0'22"

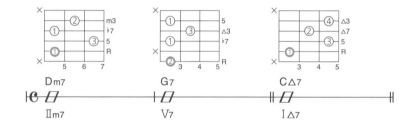

난이도 ★☆☆☆☆
톱 노트

Dm7과 C△7에서는 1번 줄 뮤트를 완벽하게 해야 한다. G7은 앞의 악보 예 Dm7의 요령으로 2~4번 줄을 부분 바레로 누르고, 3번 줄에 3번 손가락을 더하는 느낌으로 연주한다.

가상 루트를 사용한 기본형: 1

Time 0'44"

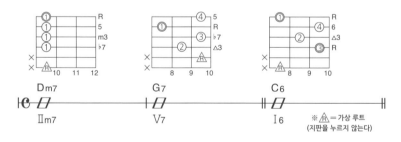

※ⓐ = 가상 루트
(지판을 누르지 않는다)

난이도 ★★☆☆☆
톱 노트

재즈 계열의 코드 중에는 저음의 루트를 생략한 것이 많다. 이것은 한정된 음으로 다채로운 표현을 하기 위해서다. 지판을 누르지 않은 루트음(=가상 루트)이 '머릿속'에서 울리도록 하는 것이 포인트다.

가상 루트를 사용한 기본형: 2

Time 1'06"

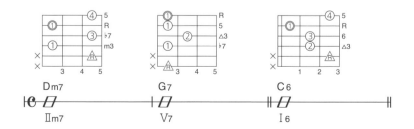

난이도 ★★☆☆☆
톱 노트

위의 악보 예에서도 마찬가지로, 루트음을 생략한 코드 폼은 반드시 가상 루트의 포지션도 함께 외워두자. 기계적으로 코드의 지판을 누르는 위치만 외우면 응용을 할 수 없게 된다.

V7의 텐션		9th
Major	minor	

G7에 9th를 사용한 패턴

▶ Track Number 10

Dm7→G7⁽⁹⁾의 사이에서 2번 줄 10f을 연속 사용한 예　Time 0'00"

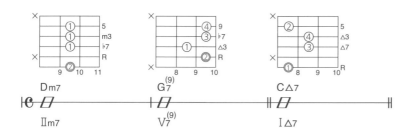

난이도 ★☆☆☆☆
톱 노트

텐션음을 사용하는 첫 번째 목적은 코드가 매끄럽게 진행되는 느낌을 주기 위함이다. 이 악보 예의 경우, Dm7의 5th음과 G7⁽⁹⁾의 9th음이 2번 줄 10프렛의 A음으로 유지되고 있는 것이 포인트다.

보텀&톱 노트가 하강하는 어프로치　Time 0'22"

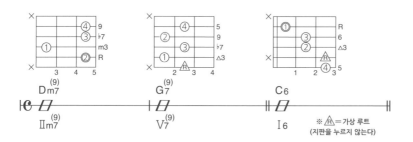

난이도 ★★☆☆☆
톱 노트

톱 노트와 동시에 보텀음도 하강한다. 또한 G7⁽⁹⁾의 폼은 재즈 블루스의 Ⅰ7(Key=C라면 C7)에도 많이 사용된다. 가상 루트의 위치와 함께 이 폼도 마스터하자.

가상 루트를 사용한 텐션 코드: 1　Time 0'44"

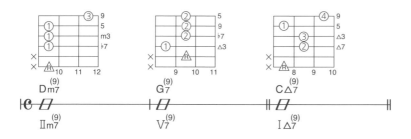

난이도 ★★☆☆☆
톱 노트

가상 루트를 이용한 1~4번 줄의 어프로치다. 고음역에서는 텐션음이 가진 사운드 컬러가 더 강하게 두드러진다. 코드 솔로라면 문제 없지만 백킹에서는 멜로디를 방해하지 않도록 주의하자.

가상 루트를 사용한 텐션 코드: 2　Time 1'06"

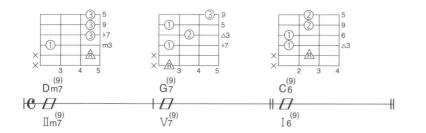

난이도 ★★☆☆☆
톱 노트

이러한 고음줄 위주의 코드 워크에서는 톱 노트는 물론이고 4번 줄 위의 보텀음도 명확하게 연주하는 것이 중요하다. 이 음이 명확하지 않으면 코드 기능이 불완전해져 본래 내려하는 진행감을 낼 수 없게 된다.

V7의 텐션 | Major | minor | 13th

G7에 13th를 사용한 패턴 ▶ Track Number 11

7th음을 보텀음으로 하는 G7(13)을 사용한 예 | Time 0'00"

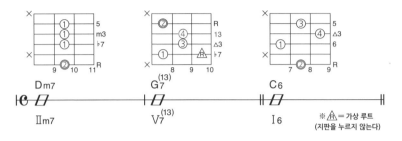

난이도 ★★☆☆☆
톱 노트

가상 루트의 온음(2프렛 차이) 아래는 ♭7th음이다. 7th코드에서는 ♭7th음을 보텀으로 하는 경우가 있다. 특히 5번 줄 루트의 7th계열 텐션 코드에서는 이것을 이용한 폼이 많이 사용된다.

Dm7(9)→G7(13) 사이에서의 2번 줄 5f 연속사용 | Time 0'22"

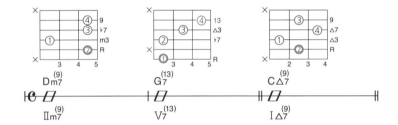

난이도 ★★☆☆☆
톱 노트

Dm7(9)의 9th음과 G7(13)의 13th음은 같은 음이다. 이 음을 톱 노트(2번 줄 위)로 이용한 매우 자연스러운 진행감을 가진 어프로치다. 또한, 그 음이 C△7의 9th음으로 진행해서 멋진 분위기를 연출한다.

Dm7(9)→G7(13) 사이에서의 1번 줄 12f 연속사용 | Time 0'44"

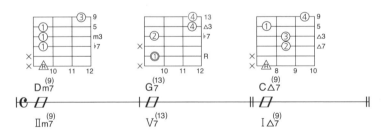

난이도 ★★★☆☆
톱 노트

이것도 톱 노트를 고정시킨 예다. 1번 줄에 13th음을 배치하는 G7(13)에서는 4번 손가락을 사용한 1~2번 줄의 부분 바레를 포함한 코드 폼이다. 지판을 누르면서 6&4번 줄의 뮤트도 해보자.

Dm7(9)→G7(13) 사이에서의 2번 줄 5f 연속사용 | Time 1'06"

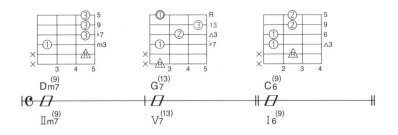

난이도 ★★☆☆☆
톱 노트

전전 악보 예의 1~4번 줄을 사용한 어프로치다. 이쪽은 2번 줄 위의 텐션음이 연계되어 내성(톱과 보텀 이외의 음)이 매끄럽게 이행되는 느낌을 주었다. 전전 악보 예와 함께 기억해두면 좋다.

V7의 텐션		♭9th · ♯9th
Major	minor	

G7에 ♭9th 또는 ♯9th를 사용한 패턴　▶ Track Number 12

♯9th & ♭9th를 연속사용한 어프로치　Time 0'00"

난이도 ★★☆☆☆
톱 노트

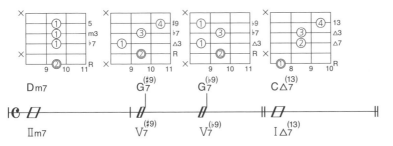

G7에 ♯9th 또는 ♭9th를 이용한 어프로치다. G7(♯9)의 2번 줄 4번 손가락을 줄에서 떼고, 1번 손가락의 부분 바레로 체인지하는 것만으로 G7(♭9)이 된다. 이러한 동작과 함께 G7(♯9) & G7(♭9)을 함께 마스터하자.

루트를 생략한 G7(♭9) = dim폼 : 1　Time 0'22"

난이도 ★★★☆☆
톱 노트

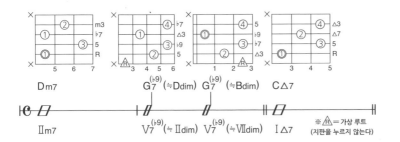

G7(♭9)는 루트음을 생략하면 dim와 같은 폼이 된다. 편리하게도 dim 코드와 마찬가지로 3프렛을 이동시켜도 G7(♭9)으로서 성립된다. 이 부분은 악보 예를 연주하면서 확인해보자.

루트를 생략한 G7(♭9) = dim폼 : 2　Time 0'44"

난이도 ★★★☆☆
톱 노트

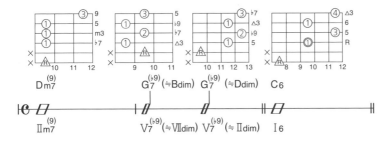

앞의 악보 예는 G7(♭9)에 2~5번 줄을 사용했다. 이번에는 1~4번 줄을 사용한 dim 폼 스타일의 어프로치다. 코드 진행 자체를 잃지 않도록 항상 가상 루트의 위치를 의식하면서 플레이하자.

톱에 '♭9th → ♯9th'를 배치한 악보 예　Time 1'06"

난이도 ★★☆☆☆
톱 노트

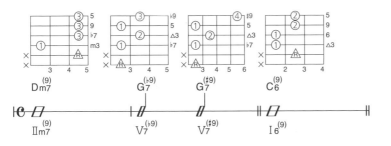

톱 노트의 라인이 매우 멜로디어스하다. G7에서 '♭9th → ♯9th'의 순서로 사용하는 예는 단음 솔로 프레이즈에도 많이 등장한다. 코드의 하모니와 함께 기억해두면 다양하게 응용할 수 있다.

33

V7의 텐션		♭13th
Major	minor	

G7에 ♭13th를 사용한 패턴

▶ Track Number 13

G7(♭13)은 가상 루트의 2프렛 아래를 보텀음으로 한 예   Time 0'00"

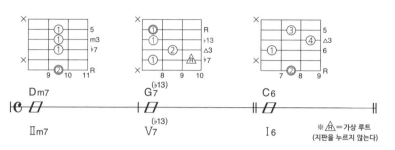

난이도 ★★☆☆☆
톱 노트

G7(♭13)은 가상 루트 2프렛 아래의 ♭7th음을 보텀으로 하는 폼이다. 2~5번 줄의 8f을 1번 손가락으로 바레한다. 불필요한 1번 줄은 울리지 않도록 뮤트를 해야 한다.

톱 노트를 반음 내린 라인   Time 0'22"

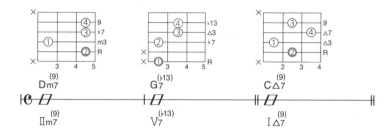

난이도 ★★☆☆☆
톱 노트

2번 줄 위의 톱 노트가 매끄럽게 반음 하강하는 진행의 패턴이다. 이러한 어프로치는 백킹에 서브 멜로디 같은 요소를 넣는 수단으로 많이 사용된다. 발라드 계열 악곡의 인트로나 엔딩에 최적이다.

톱 노트를 반음 올린 라인   Time 0'44"

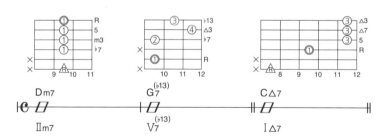

난이도 ★★★☆☆
톱 노트

코드의 화음구성을 연구하면 당연히 톱 노트의 반음상행도 가능하다. 마지막 C△7의 코드 폼은 가상 루트에서 떨어져 있어서 외우기 힘들지만 많이 사용되는 것이므로 마스터하자.

텐션음을 이용해서 2번 줄에 반음 진행을 만든다   Time 1'06"

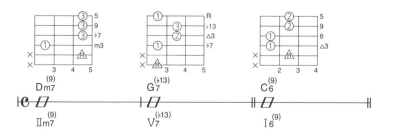

난이도 ★★☆☆☆
톱 노트

텐션음은 톱과 보텀음 이외에 내성(톱과 보텀 이외의 음)을 매끄럽게 연결시키는 데에도 이용된다. 악보 예에서는 2번 줄의 음이 반음 내려가서 매끄럽게 이행되는 느낌을 내고 있다.

V7의 텐션		#11th
Major	minor	

G7에 #11th를 사용한 패턴　▶ Track Number 14

보텀음 반음 하강&톱 노트 고정　Time 0'00"

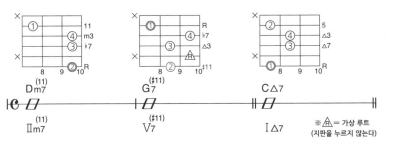

난이도 ★★☆☆☆
톱 노트 ●━━●

G7(#11)의 #11th를 보텀음으로 사용하고 보텀 라인을 반음 내린 예다. 텐션음이 보텀이 되는 경우도 있으며 이것은 특히 독주 스타일이나 보사노바에서 많이 사용된다. 톱 노트가 고정되어있는 것에 주목하자.

앞 악보 예와 다른 포지션, 같은 폼의 G7(#11)　Time 0'22"

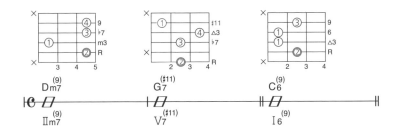

난이도 ★★★☆☆
톱 노트 ●╲●╱

G7(#11)의 톱에 #11th음을 배치하면 독특한 사운드가 된다. 포지션은 다르지만 앞의 악보 예와 같은 폼이라는 점이 재미있다. Dm7(9)에서 코드 체인지되는 것에는 익숙해질 필요가 있다.

1번 줄에 #11th를 배치한 G7(#11)의 폼　Time 0'44"

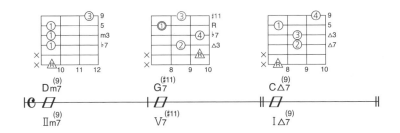

난이도 ★★★★☆
톱 노트 ●╲╱●

1번 줄을 #11th로 하는 G7(#11)의 코드 패턴이다. 지판을 누르기 약간 힘들다. 앞앞의 악보 예 G7(#11) 코드 폼의 6번 줄 지판을 누르는 포지션(9f: #11th음)을 1번 줄로 이동시켰다고 생각하면 된다.

앞 악보 예와 다른 포지션, 같은 폼의 G7(#11)　Time 1'06"

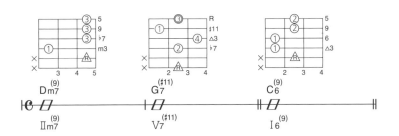

난이도 ★★★★☆
톱 노트 ●━━●

앞앞 악보 예 G7(#11)코드 폼의 6번 줄을 1번 줄로 이동시킨 G7(#11)의 패턴이다. 결과적으로 앞 악보 예의 G7(#11)과 다른 포지션의 같은 폼이다. 가상 루트의 위치가 다르므로 혼동하지 말자.

35

V7의 텐션		복수
Major	minor	

G7에 여러 텐션을 사용한 패턴

▶ Track Number 15

G7에 9th와 ♭13th를 동시 사용한 악보 예

Time 0'00"

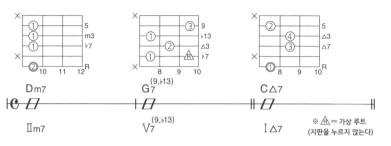

※ ⚠ = 가상 루트
(지판을 누르지 않는다)

난이도 ★★★☆☆
톱 노트

G7-C△7 진행에서는 11th음을 제외한 모든 텐션음(♭9, 9, ♯9, ♯11, ♭13, 13)을 사용할 수 있다. 또한 여러 개를 동시에 사용하는 것도 가능하다. 다만 매끄럽게 진행시키는 것이 중요하다.

각 코드의 보텀음을 반음 내린 코드 진행

Time 0'22"

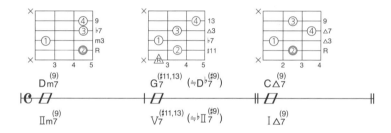

난이도 ★★★☆☆
톱 노트

G7(♯11,13)에서는 보텀음에 ♯11th를 사용했다. 때문에 각 코드의 보텀음이 반음 내려간 점에 주목하자. 또한 G7(♯11,13)은 같은 구성음의 D♭7(♭Ⅱ7(♯9))라고 생각하는 것도 가능하다.

각 코드의 2번 줄을 반음 내린 코드 진행

Time 0'44"

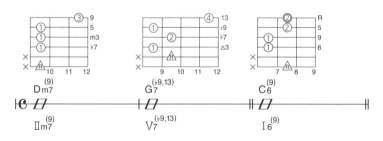

난이도 ★★☆☆☆
톱 노트

우선 각 코드의 2번 줄을 반음 내린 점에 주목하자. 여기에 1번 줄 음이 추가되어 매끄러운 진행을 만들어낸다. 이 Dm7(9)은 1번 줄의 9th음을 4번 손가락으로 눌러도 된다.

Dm7에도 여러 텐션음을 사용한 예

Time 1'06"

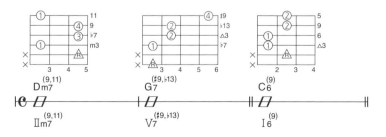

난이도 ★★☆☆☆
톱 노트

G7뿐만 아니라 Dm7에도 여러 텐션음을 사용해보았다. 톱 노트는 도약이 있는 움직임이다. 하지만 각 코드의 2번 줄이 반음 하강해서 하모니의 흐름을 지지한다는 점에 주목하자.

V7의 텐션		없음
Major	minor	

텐션 없는 마이너형 투 파이브 ▶ Track Number 16

마이너형 투 파이브의 기본형: 1   Time 0'00"

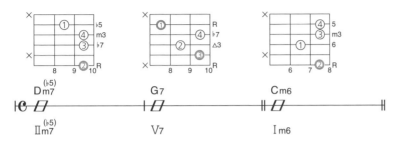

난이도 ★★☆☆☆
톱 노트

마이너형 투 파이브의 최대 특징은 투(II)의 대응 코드가 Dm7이 아니라 'Dm7(♭5)'가 된다는 점이다. 이 ♭5th음은 텐션이 아니므로 혼동하지 않도록 하자. 각 코드 베이스음의 상투적인 움직임에도 주목하자.

마이너형 투 파이브의 기본형: 2   Time 0'22"

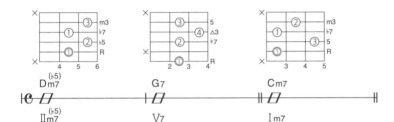

난이도 ★★☆☆☆
톱 노트

루트음이 5번 줄→6번 줄→5번 줄로 이동하는 마이너형 투 파이브다. 여기서도 '투'의 부분에 Dm7(♭5)을 사용했다는 점을 확인하자. 또한 3마디째에는 주로 Cm6와 Cm7이 사용된다.

가상 루트를 사용한 기본형: 1   Time 0'44"

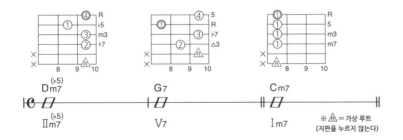

난이도 ★★☆☆☆
톱 노트

가상 루트를 이용한 1~4번 줄에서의 어프로치 예다. Dm7(♭5)-G7부분의 코드 진행에서 2&4번 줄이 반음 하강한 것을 확인해보자. 이 부분이 하모니의 흐름을 매끄럽게 해준다.

가상 루트를 사용한 기본형: 2   Time 1'06"

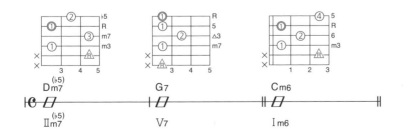

난이도 ★★☆☆☆
톱 노트

앞 악보 예에서는 Dm7(♭5)-G7에서 2&4번 줄이 반음 하강했지만 여기서는 1번 줄의 톱 노트&3번 줄이 반음 하강했다. 기타만으로는 진행하는 느낌이 조금 약하지만 베이스 파트가 추가되면 사운드가 침착해진다.

37

V7의 텐션		♭9th · #9th
Major	minor	

G7에 ♭9th 또는 #9th를 사용한 패턴 ▶ Track Number 17

사용 빈도가 높은 ♭9th와 #9th를 사용한 예 `Time 0'00"`

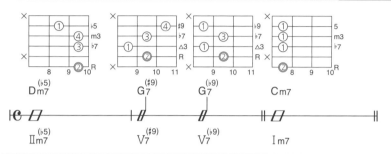

마이너형 진행의 G7에 가장 많이 사용되는 텐션이 '♭9th음'이다. 텐션이 많이 나오지 않는 악보에서도 ♭9th음이 나올 정도다. 또한 G7(♭9)은 대부분의 경우 G7(#9)과 조합해서 사용할 수 있다.

루트를 생략한 G7(♭9)=dim폼: 1 `Time 0'22"`

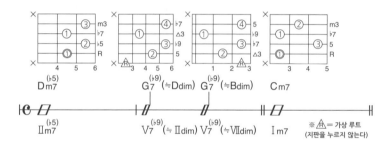

※ ⚠ = 가상 루트
(지판을 누르지 않는다)

마이너형 진행에서도 루트를 생략한 G7(♭9)에 dim의 폼을 사용할 수 있다. 악보 예에서는 같은 폼을 3프렛 아래로 내려서 톱 노트를 변화시켰다. G7(♭9)은 자주 사용되는 패턴이므로 알아두면 편리하다.

루트를 생략한 G7(♭9)=dim폼: 2 `Time 0'44"`

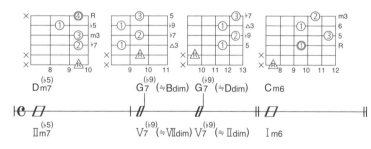

G7(♭9)에 고음줄 쪽의 dim폼을 이용한 어프로치다. 백킹뿐만 아니라 양념 같은 플레이, 코드 솔로에도 활용이 가능하다. Dm7(♭5)의 지판 누르는 폼은 6번 줄 루트음을 1번 줄로 이동시킨 형태다.

G7의 1번 줄 톱에 '♭9th→#9th'를 이용한 예 `Time 1'06"`

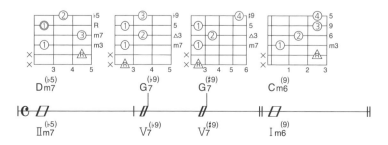

1번 줄 톱 노트의 움직임이 핵심이다. Dm7(♭5)의 ♭5th이 G7의 ♭9th음과 같은 음(A♭음)이며 그 음이 #9th로 진행된다. Dm7(♭5)는 앞 악보 예의 Cm6과 폼은 같지만, 가상 루트의 위치가 다르다.

V7의 텐션		♭13th
Major	minor	

G7에 ♭13th를 사용한 패턴

▶ Track Number 18

톱 노트를 고정시킨 악보 예

Time 0'00"

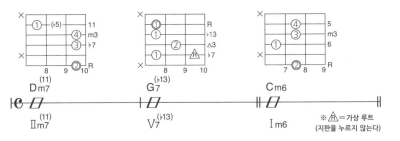

난이도 ★★★☆☆
톱 노트

마이너형으로 진행하는 G7에서 ♭9th음과 함께 많이 사용되는 것이 ♭13th음이다. ♭13th음은 Cm의 m3rd와 같은 음(E♭)이라는 점에 주목하자. 또한 Dm7(♭5)에서 ♭5th음 대신에 11th음을 사용해 톱을 G음으로 고정시켰다.

톱 노트를 매끄럽게 하강시킨 악보 예

Time 0'22"

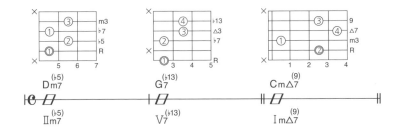

난이도 ★★★★☆
톱 노트

악보 예의 G7(♭13) 코드 폼은 5번 줄 루트의 Dm7(♭5)을 잡을 때 많이 사용된다. 함께 알아두기 바란다. Cm△7(9)는 코드 네임이 복잡하지만 재즈에서는 필수적인 코드이다.

G7의 1번 줄 톱 노트에 ♭13th를 이용한 예

Time 0'44"

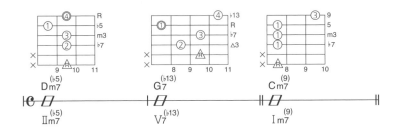

난이도 ★★★★☆
톱 노트

G7의 1번 줄에 ♭13th음을 배치하는 1~4번 줄을 사용한 폼이다. 각 코드의 2~4번 줄이 기본 하모니, 1번 줄이 서브 멜로디를 담당하는 진행이다. Cm7(9)에서는 1번 줄의 9th음을 4번 손가락으로 눌러도 된다.

6번 줄 가상 루트를 사용한 G7(♭13) 폼

Time 1'06"

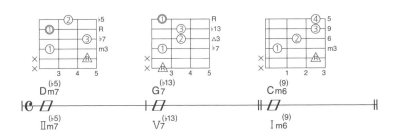

난이도 ★★★☆☆
톱 노트

가상 루트를 이용한 1~4번 줄에서의 플레이다. G7(♭13)은 앞앞 악보 예의 6번 줄 루트음을 1번 줄로 이동시킨 폼으로, 두 가지 모두 고음줄 위주의 어프로치에서 많이 사용된다. 반드시 기억해두자.

39

V7의 텐션	#11th
Major minor	

G7에 #11th를 사용한 패턴 ▶ Track Number 19

G7의 #11th를 6번 줄 반음 하강에 이용한 예 Time 0'00"

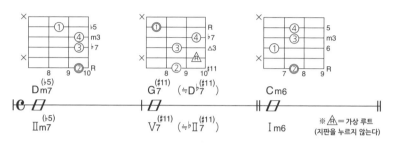

난이도 ★★★☆☆
톱 노트

G7의 보텀에 #11th를 배치하고 저음라인을 반음 하강시킨 어프로치다. 이 가상 루트를 사용한 G7(#11)의 경우, D♭7(#11)과 폼이 같다. 때문에 G7(#11)≒D♭7(#11)이라고 해석할 수도 있다.

※⚠=가상 루트
(지판을 누르지 않는다)

보텀음을 반음 하강시킨 엑서사이즈 Time 0'22"

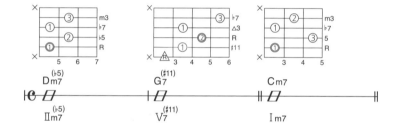

난이도 ★★★☆☆
톱 노트

Dm7(♭5)의 톱 노트를 고정한 상태로 3~5번 줄을 반음 하강시켜서 G7(#11)로 연결시키는 진행이다. 각 코드 모두 2~5번 줄을 바레할 때 1번 손가락을 젖혀서 1번 줄을 뮤트한다.

톱&보텀음이 동시에 반음 하강하는 예 Time 0'44"

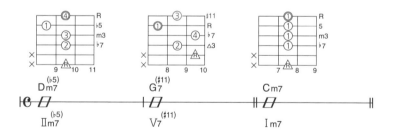

난이도 ★★★★☆
톱 노트

Dm7(♭5)→G7(#11) 사이에서는 Dm7(♭5)의 2번 줄&4번 줄을 반음 아래로 이동시킨다. 거기에 다른 줄을 추가해 G7(#11)을 누르면 된다. 톱&보텀음이 동시에 반음 하강하는 점에도 주목하자.

앞 악보 예의 G7(#11)과 포지션이 다른 같은 폼 Time 1'06"

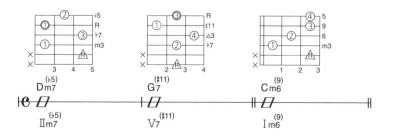

난이도 ★★★★☆
톱 노트

G7(#11)에서는 #11th 텐션음의 뭔가 어중간한 느낌이 재즈 맛을 내준다. 포지션과 가상 루트의 위치는 다르지만 결국 앞 악보 예의 G7(#11)과 같은 폼이라는 점에 주목할 필요가 있다.

V7의 텐션		복수
Major	minor	

G7에 여러 텐션을 사용한 패턴 ▶ Track Number 20

G7에 #9th&♭13th를 동시 사용한 악보 예 | Time 0'00"

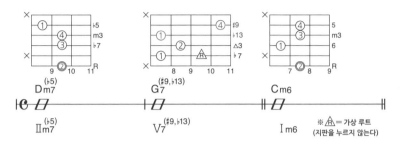

난이도 ★★★★☆
톱 노트

Cm6(or Cm7)로 진행하는 G7에는 주로 ♭9, #9, #11, ♭13 등 '#'이나 'b'이 붙은 텐션음이 많이 사용된다. 메이저형 진행과 마찬가지로 이것들은 동시에 여러 개를 사용하는 것도 가능하다.

보텀음(5번 줄)&내성(3번 줄)이 동시에 반음 하강 | Time 0'22"

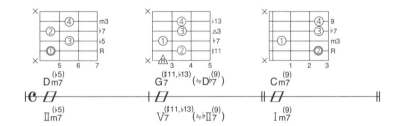

난이도 ★★★☆☆
톱 노트

3번 줄과 5번 줄이 평행하게 반음 내려가 매끄러운 진행감을 연출한다. G7의 보텀에 #11th음을 이용한 보사노바에 많이 사용되는 패턴이다. G7(#11, ♭13)은 D♭7(9)으로 해석하는 것도 가능하다.

G7(♭9, ♭13)→Cm7(9)에서(3번 줄 제외) 반음 하강시킨다 | Time 0'44"

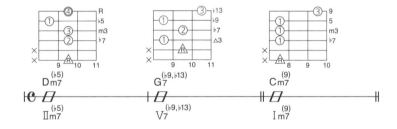

난이도 ★★★☆☆
톱 노트

G7(♭9, ♭13)-Cm7(9)에서 1, 2, 4번 줄(3번 줄 제외)이 반음 내려간다. 지판을 누른 것도 2~4번 줄의 1번 손가락 바레&1번 줄의 3번 손가락이 공통된다는 점을 파악하면 코드 체인지도 쉬워진다.

G7(♭9, #11)에서 텐션음이 반음 위아래로 움직이는 진행 | Time 1'06"

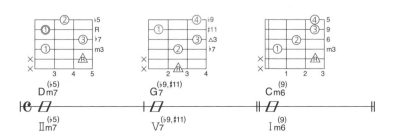

난이도 ★★★☆☆
톱 노트

악보 예는 G7(♭9, #11)에서 1번 줄의 ♭9th음이 반음 하강, 2번 줄 #11th음이 반음 상행해서 Cm6(9)로 안착된다. 여러 텐션음을 사용하는 경우에는 각각의 텐션음을 다음 코드로 잘 안착시킬 필요가 있다.

41

난이도 ★☆☆☆☆

7th코드의 기본 스케일=믹솔리디안

목표 ## 가장 베이식한 G7스케일인 믹솔리디안을 마스터하자!

도레미 음계로 보면 솔에서 시작되는 음계가 믹솔리디안이다. 주로 메이저 키인 G7(V7)에서 사용되지만, C7(I7) 또는 A7(VI7) 등, 모든 7th코드의 '기본' 스케일이다. 메이저 스케일의 '△7th음'을 반음 내려서 시♭(♭7th음)으로 만든 스케일이라 생각하면 파악하기 쉬

울 것이다.

궁합이 좋은 코드로는 텐션을 사용하지 않은 G7, 텐션에 ♯ 또는 ♭이 붙지 않은 G7(9), G7(13) 등이다.

스케일 체크

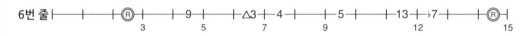

자주 나오는 포지션

 POSITION

ⓐ: 6번 줄 루트의 전통적인 코드 폼(점선으로 둘러싼 부분이 코드 폼)을 기본으로 한 대표적인 포지션이다. 이 예뿐만 아니라 스케일은 코드 폼과 함께 기억해두어야 자유롭게 사용할 수 있다.

ⓑ: 5번 줄 루트 음을 4번 손가락으로 누르는 포지션 패턴이다. 저음줄 루트 위치가 항상 1번 손가락이나 2번 손가락인 것은 아니다. 1~6번 줄의 10f에 지판을 누르는 포지션이 있으므로 이것을 위치 기준으로 삼으면 기억하기 쉬울 것이다.

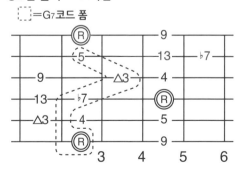

ⓐ6번 줄 루트 포지션
⬛=G7코드 폼

ⓑ5번 줄 루트 포지션
⬛=G7코드 폼

※다음 페이지 악보 예에서 사용되는 음을
붉은 색으로 표시했다(51페이지까지 동일하다).

아르페지오 프레이즈가 결정타인 엑서사이즈

▶ Track Number 21

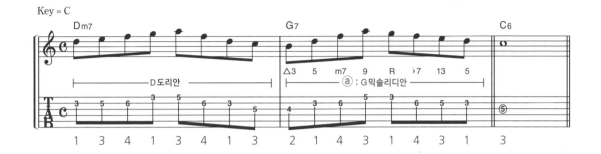

프레이즈 설명

2마디째 전반부의 4음은 △3rd음에서 스케일음을 하나 뛰어넘어 위로 올라가는 아르페지오 프레이즈다. 이어서 후반부 4음은 루트음에서 스케일을 따라서 순차적으로 하강해서 다음 마디에서 C6의 루트(C음)로 안착하는 패턴(이것을 재즈용어로 '해결'이라고 한다)이다. 단순히 스케일이 위아래로 움직이는 것만으로는 재즈스러운 프레이즈가 될 수 없다. 코드감을 살리는 음 사용이 포인트다.

조인트가 없는 다른 줄 같은 프렛&재즈스러운 콤팩트한 운지

▶ Track Number 22

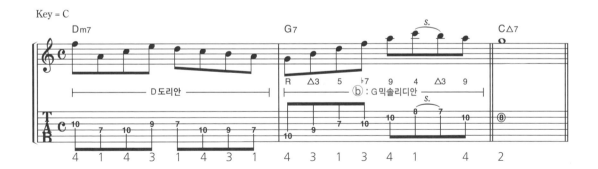

프레이즈 설명

2마디째, 5번 줄 루트음부터 4th음까지의 6음은 아르페지오 느낌의 상행 프레이즈다. 2마디 2박째 뒷박과 3박째 앞박의 다른 줄 같은 포지션의 3번 줄 10f→2번 줄 10f에는 조인트를 사용하지 않는다. 그리고 1번 줄 8f→7f에 슬라이드가 들어간 덕분에 이어지는 2번 줄 10f을 4번 손가락으로 누르는 동작이 자연스럽게 이어진다. 재즈만의 콤팩트한 운지다.

난이도 ★★★☆☆

재즈 느낌의 근원=얼터드 스케일

목표 **간편하게 재지한 플레이를 할 수 있는 스케일을 익히자**

재즈 느낌에서 빼놓을 수 없는 것이 '얼터드 스케일'이다. 이것은 멜로딕 마이너(116페이지 참조)의 제7음에서 시작하는 스케일이라고도 해석할 수 있다. 구성음에는 ♭9th, #9th, #11th, ♭13th 등 많은 텐션이 포함된다.

주로 G7(V7), A7(VI7)에서 사용되며, 텐션 음은 # 또는 ♭이 붙은 코드와의 궁합이 특히 더 좋다. 마이너 투 파이브에서는 G7에 대응하는 '필수 스케일'이라고 해도 과언이 아니다.

스케일 체크

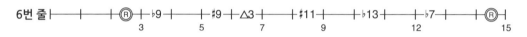

자주 나오는 포지션

POSITION

ⓐ: 6번 줄 루트의 기본 포지션이다. 이 스케일에는 5th음이 없으므로 ⓐ의 경우에는 대응 코드를 G7(♭13)이라고 기억해두자. 1번 줄&6번 줄, 2번 줄&5번 줄의 위치가 같은 프렛에 있다는 것에 주목하면 기억하기 쉬울 것이다.

ⓑ: 5번 줄 루트 포지션에서는 대응 코드를 G7(♭9)이라고 기억해두자. 사용빈도가 높은 2번 줄의 4음부터 마스터하고 서서히 사용영역을 넓히는 것이 좋다. 단순히 스케일을 위아래로 오가는 것만으로는 재즈 느낌이 나지 않는다.

ⓐ6번 줄 루트 포지션

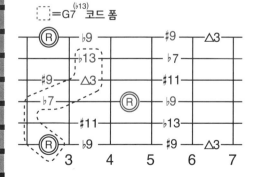

ⓑ5번 줄 루트 포지션

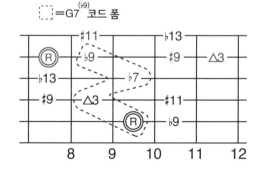

스케일의 다섯 번째 음=♯11th음을 뺀 간편하고 대표적인 어프로치

▶ Track Number 23

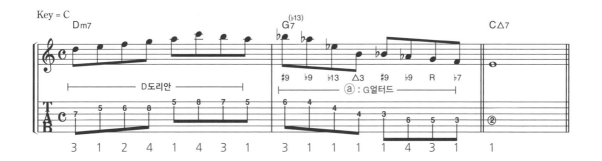

<table>
<tr><td>프레이즈
설명</td><td>2마디째의 얼터드 프레이즈는 지판을 누르기 쉽고 시각적으로도 외우기 쉬운 대표적인 어프로치다. 얼터드 스케일에 익숙하지 않은 동안은 악보 예처럼 '♯11th'를 빼고 생각하면 프레이징이 쉬워질 것이다. 루트, △3rd, ♭7th의 코드 톤과 ♯9th, ♭9th, ♭13th 텐션음의 사용 밸런스가 핵심이다.</td></tr>
</table>

마이너형 투 파이브의 대표적인 어프로치

▶ Track Number 24

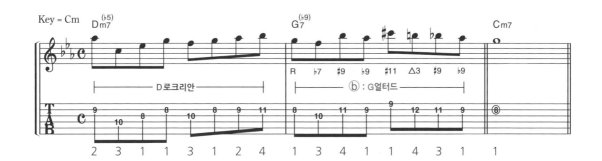

<table>
<tr><td>프레이즈
설명</td><td>마이너형 투 파이브 진행에서의 사용 예로, ♯11th를 포함한 어프로치다. 마이너 진행에서 얼터드는 필수 스케일이다. Dm7(♭5)에 대응하는 로크리안 스케일과 세트로 완벽하게 마스터하자. 2마디째는 4음째에서 포지션 체인지&조인트를 동시에 하는 요령으로 플레이한다.</td></tr>
</table>

난이도 ★★★★☆

아웃스러움이 인상적인 콤비네이션 오브 디미니시 스케일

목표 | **콤비네이션 오브 디미니시 스케일의 음구조와 사용방법을 배우자**

'콤비네이션 오브 디미니시 스케일'은 루트음을 기점으로 반음과 온음의 인터벌을 교대로 반복하는 약간은 신비한 음계다. 얼터드 스케일(44페이지)과 마찬가지로 많은 텐션음($\flat$9th, $\sharp$9th, $\sharp$11th, 13th)을 포함한 스케일이다.

여기서는 G7(V7)코드에서의 사용 예로 다루었으며, 크로스오버 계열에서는 그 밖의 7th코드에 대해서도 이용된다.

스케일 체크

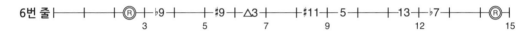

6번 줄 ─ R ─ $\flat$9 ─ $\sharp$9 ─ $\triangle$3 ─ $\sharp$11 ─ 5 ─ 13 ─ $\flat$7 ─ R

3   5   7   9   12   15

자주 나오는 포지션   ○ POSITION

ⓐ: 기억하기 힘든 포지션이다. 우선 1번 줄&3번 줄, 2번 줄&4번 줄에 공통된 지판 포지션에 주목한 후, 1~4번 줄 위주의 포지션부터 마스터하자.

ⓑ: 콤비네이션 오브 디미니시 스케일에서는 각 포지션을 3프레이즈 간격으로 이동해도 운지 패턴 자체에는 변함이 없다. ⓑ의 경우, 구성음의 배치는 다르지만 ⓐ의 1~4번 줄을 6프렛 위로 이동시킨 것으로 볼 수 있다.

ⓐ6번 줄 루트의 포지션

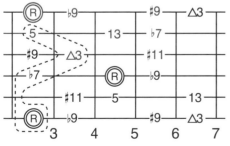

ⓑ5번 줄 루트의 포지션

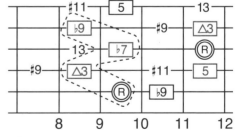

※ □ =G$\sharp$dim의 구성음(다음 페이지 아래의 '프레이즈 설명' 참조)

콤비네이션 오브 디미니시 스케일을 △3rd부터 상행한 패턴

▶ Track Number 25

프레이즈 설명

악보 예는 콤비네이션 오브 디미니시 스케일로, △3rd에서 그대로 스케일을 따라서 상행한 예다. 2마디째 마지막 음인 #9th(B♭음)을 3마디째 시작부분에서 C△7의 △7th음(B음)으로 매끄럽게 연결시키는 것이 포인트다. 텐션을 다수 포함한 스케일에서는 다음 마디로 매끄럽게 연결시키는 것이 중요하다.

G#dim코드의 구성음과 콤비네이션 오브 디미니시 스케일의 공통음을 사용한 패턴

▶ Track Number 26

프레이즈 설명

마이너형 투 파이브인 G7(V7)에 콤비네이션 오브 디미니시 스케일의 아르페지오 프레이즈를 사용한 어프로치다. G#dim의 구성음과 콤비네이션 오브 디미니시 스케일의 공통음(앞 페이지의 ⓑ에 '□'로 표시해두었다)을 이용한 상투적인 프레이징 수법이다. G#dim를 연주한다지만 실제로 플레이할 때에는 G7(♭9)의 코드 사운드를 염두에 두고 연주하는 것이 중요하다.

난이도 ★★★☆☆

둥둥 떠다니는 느낌의 음계=홀 톤 스케일

목표　온음 간격으로 구성된 음계 사용에 익숙해지자!

스케일 구성음이 모두 온음 간격인 음계를 '홀 톤 스케일'이라고 한다. 1옥타브를 6개의 온음으로 동일하게 나눈 것이다.

기본적으로 대응하는 코드는 어그먼트 코드(약칭: aug)이며, G7(Ⅴ7) 또는 D7(Ⅱ7)에서도 많이 사용된다. 특히 #11th 텐션음을 포함한 7th코드와 궁합이 좋다.

스케일 체크

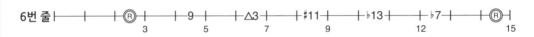

자주 나오는 포지션　○ POSITION

ⓐ: 1번 줄&4번 줄과 루트음인 6번 줄, 2~3번 줄&5번 줄에서 운지 포인트의 공통성에 주목하면 좀 더 외우기 쉬워진다. 단음만으로 연습하면 키를 잃어버릴 수 있는 음계이므로 대응 코드로 병기해 놓은 'G7(#11)'과 대비해보면서 연주하자.

ⓑ: 여기서도 2~3번 줄&루트음인 5번 줄, 1번 줄&4번 줄 운지 포인트의 공통점에 주목하자. 이 스케일은 1옥타브 안에서 위아래로 움직이며 연습하는 것보다 1~2번 줄, 2~3번 줄 등 가까이 붙어있는 줄의 음을 파악하는 편이 실전에서 유용하다.

ⓐ6번 줄 루트의 포지션

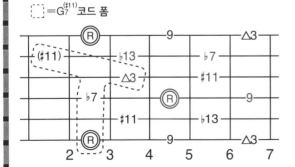

ⓑ5번 줄 루트의 포지션

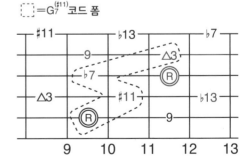

작은 프레이즈를 평행이동시킨 홀톤 어프로치 1

▶ Track Number 27

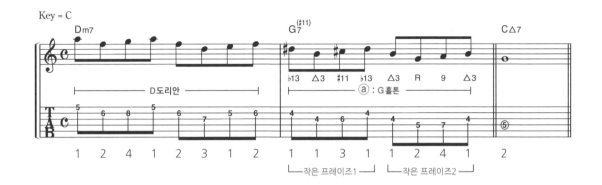

<table>
<tr><td>**프레이즈
설명**</td><td>홀톤에서는 3~4음으로 구성된 작은 프레이즈를 평행이동시키는 어프로치가 많이 사용된다. 악보 예 2마디째의 경우, '4음 1세트'의 작은 프레이즈를 2번 연주하는 구성으로 되어 있다. 우선 2마디째의 1~2박 사이에서 작은 프레이즈1을 연주하고, 3~4박 사이는 작은 프레이즈1의 음형태 그대로 장3도(4프렛 차이) 내려 작은 프레이즈2를 연주하는 구조다.</td></tr>
</table>

작은 프레이즈를 평행이동시킨 홀톤 어프로치 2

▶ Track Number 28

<table>
<tr><td>**프레이즈
설명**</td><td>홀톤은 마이너형 투 파이브인 G7(Ⅴ7)에서도 사용할 수 있다. 이번에는 2마디째 1~2박째 사이에서 4음 1세트의 작은 프레이즈1을 연주하고, 그 음형을 마찬가지로 장3도(4프렛 차이) 내린 작은 프레이즈2를 연주하는 어프로치다. 이외에도 작은 프레이즈를 장2도(2프렛 차이) 간격으로 오르락내리락 하는 프레이징도 많이 사용된다.</td></tr>
</table>

난이도 ★★★★☆

집시 느낌의 이국적인 음계=Hmp5↓

목표

Hmp5↓ 프레이징을 마스터하자!

내추럴 마이너 스케일(=에올리안)의 제7음 ($^\flat$7th음)을 반음 올려서 △7th음으로 만든 음계가 '하모닉 마이너 스케일'이며, 하모닉 마이너의 제5음부터 시작되는 스케일을 'Harmonic Minor Perfect 5th Down Scale'(간략한 표기: Hmp5↓)라 한다.

주로 G7(V7)이나 메이저 키의 A7(VI7)에 사용되는 약간 집시 분위기의 스케일이다.

스케일 체크

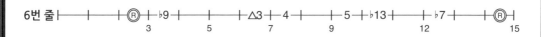

자주 나오는 포지션

POSITION

ⓐ: 6번 줄 3f루트의 GHmp5↓는 5번 줄 3f을 루트로 하는 C하모닉 마이너와 구성음이 같다. 다만 대응하는 코드가 달라 재즈에서는 다른 스케일로 다룬다. 이 포지션에서는 대응하는 코드를 G7$^{(\flat 13)}$으로 보자.

ⓑ: 5번 줄 루트의 G7$^{(\flat 9)}$ 대응 포지션을 아래 그림에 표시했다. 이처럼 외우기 힘든 포지션은 스케일을 오르내리는 연습만으로는 의미가 없다. ⓑ 또는 다음 페이지의 아래 악보 예를 참고해서 다양한 프레이즈를 만들어보는 것이 중요하다.

ⓐ6번 줄 루트의 포지션

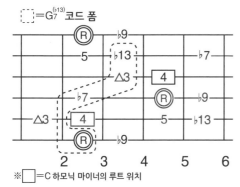

ⓑ5번 줄 루트의 포지션

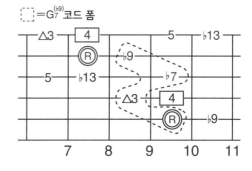

임의의 한 음을 건너뛰어 프레이즈가 갈 방향을 컨트롤한다

▶ Track Number 29

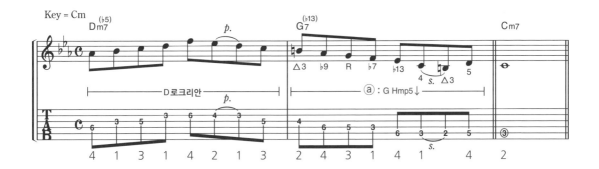

프레이즈 설명	마이너형 투 파이브에서의 Hmp5↓ 프레이즈다. 3번 줄 4f의 B음~5번 줄 2f의 B음의 하강라인에서는 5th음인 D음을 건너뛴다. 이러한 스케일 라이크한 어프로치의 경우, 임의의 한 음(5th음)을 건너뛰어서 갈 방향을 코드 톤인 5번 줄 2f의 B음으로 컨트롤하고 있다. 여기에 슬라이드를 해서 5번 줄 2f의 운지도 편해졌다.

슬라이드를 이용해서 재즈 느낌의 운지에 도전한다

▶ Track Number 30

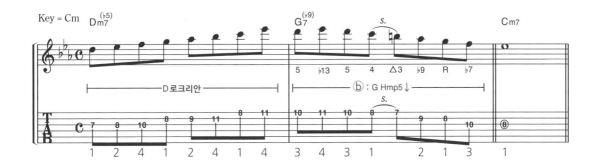

프레이즈 설명	ⓑ 포지션에서는 1번 줄 위의 4th→△3rd(8f→7f) 운지이동에 슬라이드가 자주 사용된다. 이것은 전형적인 재즈스러운 핑거링 패턴이다. 이어지는 2번 줄 9f의 운지로 매끄럽게 연결되도록 하자. 운지가 살짝 힘들 수 있지만 G7→Cm(Ⅴ7→Ⅰm) 진행에서 많이 사용되는 음 사용이므로 통째로 외워두자.

재즈 사운드 메이킹

할로우 바디 기타가 없으면 어떻게 하나요?

재즈 기타에 사용하는 악기라고 하면 이 책 표지의 것처럼 할로우 바디 기타를 생각하는 사람이 많을 것이다. 틀린 것은 아니지만 그렇다고 반드시 할로우 바디 기타를 고집할 필요는 없다. 재즈는 '플레이'를 할 수 있게 된 다음에야 비로소 악기에 따른 음색을 표현할 수 있다. 프레이징을 연주하는 것을 우선으로 해야 하는 음악인 것이다. 저자인 나도 표지에 있는 것과 같은 대표적인 할로우 바디 기타는 가지고 있지 않다.

물론, 이상적인 것은 재즈 연주에는 할로우 바디 기타를 사용하는 것이다. 최근에는 유명한 메이커의 저렴한 모델도 출시되어 있으므로, 이러한 악기 중에서 구입하는 것도 좋다. 그렇다고 해서 할로우 바디 이외의 기타는 사용하면 안 되는가 하면 그렇지는 않다. 과거부터 현재까지의 유명한 재즈 기타리스트 중에는 솔리드 바디 기타를 사용하는 플레이어도 제법 있다. '명필은 붓을 가리지 않는다'라는 말이 있듯이, 다음에 설명하는 방법을 일반적인 일렉트릭 기타와 함께 사용해도 재즈 느낌의 사운드를 뽑아낼 수 있다.

굵고 매끌매끌!? 재즈 기타의 줄

적어도 1번 줄의 굵기가 '0.11' 또는 '0.12'로 시작되는 게이지의 줄을 사용하는 것이 좋다. 가는 줄에서는 재즈 느낌의 감미롭고 굵은 사운드가 나지 않기 때문이다.

만약에 여러 대의 기타를 가지고 있다면, 그 중 하나를 재즈 전용으로 줄 표면이 매끄러운 플랫 와운드(그림1 오른쪽) 줄로 세팅하는 것도 좋다. 다만 너무 굵은 줄을 세팅하면 넥에 부담을 주거나 경우에 따라서는 너트의 홈이 망가질 수도 있다.

달달한 앰프&기타 세팅

재즈스러운 달달한 소리를 내기 위해서는 기본적으로 깔끔한 사운드로 설정해야 한다. 이것은 앰프에 따라서 달라지며 개인적인 취향도 있겠지만 가능하면 '크런치가 되기 살짝 직전인 정도'가 좋다. 이렇게 설정하면 피킹의 어택을 억제할 수 있고 완전히 깔끔한 사운드보다는 약간 마일드한 소리가 되며, 서스테인도 확보할 수 있다. 이때 여러 개의 볼륨 컨트롤을 가진 앰프라면 'gain' 또는 'input' 노브를 2~5로 설정하고 'master volume'으로 최종적인 음량을 설정하는 것이 기본이다(그림2). 톤은 'middle'을 중심으로 만드는 것이 좋다. 'treble'과 'high'는 낮게 설정한다(그림3). 'bass'도 낮게 설정해야 음정감이 명확해지고 하울링도 예방할 수 있다.

픽업은 무조건 프론트로 설정한다. 볼륨은 7~8 정도, 톤은 2~7 정도를 기준으로, 반드시 앰프 소리를 들으면서 조정한다.

●그림1 줄의 종류

라운드 와운드 줄:
일반적인 일렉트릭
기타줄

플랫 와운드 줄:
재즈 기타에 사용하는 줄

●그림2 볼륨 세팅

gain or input   master volume

2~5 정도   마스터 볼륨으로 소리의
크기를 조정

●그림3 톤 세팅

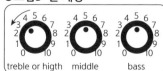

treble or higth   middle   bass

5 이하   5를 기준으로   5를 기준으로

제 3 장

자주 나오는 코드 진행에서의 백킹 & 솔로 어프로치

'재즈의 코드 진행은 복잡하고 어렵다'라고 생각하는 사람이 많을 것이다. 하지만 이처럼 어려운 코드 진행도 '투 파이브&베이식한 진행의 조합과 변형'이 대부분이다. 이번 장에서는 재즈에서 자주 나오는 베이식한 진행과 그 기본구조를 소개한다. 이것들은 이론을 배우지 않고, 기계적으로 암기하는 것만으로도 다양한 코드 진행에 대응할 수 있게 될 것이다. 이와 함께 백킹&솔로의 상투적인 어프로치도 함께 배워보자. 재즈에서는 코드 진행과 함께 백킹&솔로 어레인지 방법도 함께 배워두면 실제 연주에 도움이 된다.

난이도 ★★☆☆☆

BACKING

C7-F7-C7-F7

목표 심플한 '4로 나누기(four on the floor)'로 재지하게 연주한다

재즈 기타의 리듬 플레이에서 가장 심플한 백킹 스타일이 '4로 나누기'다. 4로 나누기는 각 박자의 시작에서 코드 스트로크를 연주하는 스타일이다. 스윙을 비롯한 초기 재즈에서 기타는 리듬악기로 그루브를 보조하는 역할을 담당했다. 당시에는 아직 앰프가 없었기 때문에 더 큰 사운드를 풀 어쿠스틱으로 내려고 한 결과, 4로 나누기가 생겨났다고 여겨진다. 여기서는 4로 나누기 백킹에 대해서 소개한다.

코드 진행 분석

블루스에서도 볼 수 있는 C7-F7(I7-IV7)을 반복하는 코드 진행이다. 두 가지 모두 7th코드지만, 자연스럽게 진행된다. 이것은 투 파이브에서 Dm7-G7(IIm7-V7)과 마찬가지로 매끄럽게 진행되는 '4도(5프렛 거리) 진행'으로 되어있기 때문이다.

C7, F7 모두 대부분의 경우에 9th, 13th 등, 텐션음에 ♯또는 ♭이 없는 텐션 코드를 사용할 수 있다. 또한 7th코드를 C6나 F6 등의 6th코드로 바꿔서 플레이할 수도 있다.

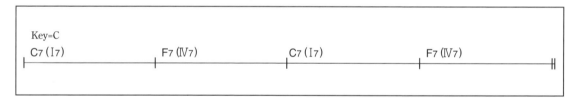

프레이징 포인트

'4로 나누기'에서 단순히 박자에 맞추어 다운 스트로크를 하는 것만으로는 재즈 느낌의 스윙감을 낼 수 없다. 포인트는 악보에 표기되어있지 않은 업 스트로크에 있다. 우선 마스터해야 할 것은 브러싱음이 들어가는 ①의 패턴이다. 각 박자를 '재~즈, 재~즈…'와 같이 연주하되 '즈' 부분에서는 왼손의 힘을 약간 뺀 뮤트 상태로 업 스트로크를 한다. 셔플이 아니므로 너무 통통 튀는 느낌으로는 하지 않는다. 그리고 업 스트로크에서 줄을 연주하지 않는 동작으로 플레이 하면 ②의 패턴이 된다. 쉼표부분에서는 음을 확실하게 멈춘다.

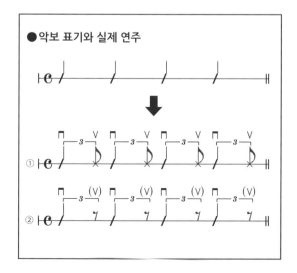

I7-IV7-I7-IV7

브러싱을 넣은 '4로 나누기' 백킹　　　　　　　　　　　▶Track Number 31

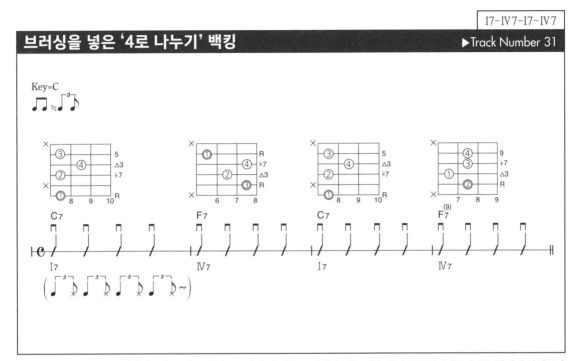

6번 줄 8f 루트의 C7으로 시작하는 '4로 나누기' 어프로치다. 우선은 브러싱이 있는 리듬 패턴으로 연주해보자. 2&4박째에 악센트가 있는 '4비트' 그루브를 의식하며 연주하자. 4마디째에서는 F7⁽⁹⁾의 텐션 코드가 사용되어 톱 노트가 3마디째의 C7과 같은 음이라는 점에도 주목하자.

브러싱을 넣지 않는 '4로 나누기' 백킹　　　　　　　　　▶Track Number 32

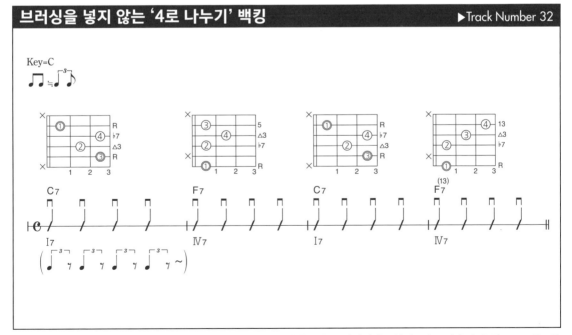

이번에는 5번 줄 3f 루트의 C7으로 시작하는 브러싱이 없는 패턴이다. 로우 포지션에서는 불필요한 소리가 날 수 있으므로 뮤트를 잘 해야 한다. 각 코드는 충분히 음을 늘이고 쉼표에서는 확실하게 음을 끊는다. 이 뮤트 타이밍이 그루브의 핵심이라 할 수 있다. 왼손으로 리듬을 연출한다고 생각하면 좋을 것이다.

난이도 ★★☆☆☆

SOLO

C7-F7-C7-F7

목표 마이너&메이저 펜타토닉='혼합 펜타토닉'으로 연주한다!

C7-F7(Ⅰ7-Ⅳ7)을 반복하는 진행이라면 마이너 펜타토닉 하나로도 솔로를 연주할 수 있다. 하지만 그것만으로는 재즈 느낌이 모자라고 프레이즈도 평범해진다. 이때 사용할 수 있는 것이 마이너 펜타토닉과 메이저 펜타토닉을 섞은 '혼합 펜타토닉'이다. 두 가지 펜타토닉을 혼합함으로써 더욱 다채로운 어프로치가 가능해진다. 재즈 블루스를 비롯해 매우 사용빈도가 높은 스케일이므로 이번 기회에 반드시 마스터하자.

코드 진행 분석

당연히 코드 진행을 따라서 C믹솔리디안, F믹솔리디안으로 어프로치하는 것도 가능하지만, C혼합 펜타토닉을 사용하는 편이 더욱 플레이하기 쉽다. 스케일 안에 있는 'm3rd→△3rd'의 음 사용은 강한 재즈느낌을 내준다. 이 코드 진행의 경우, C7(Ⅰ7) 부분에서 사용하면 프레이즈에 완급을 줄 수 있다. 이것은 스케일의 △3rd음이 C7(Ⅰ7)의 코드 톤이기도 하기 때문이다. 여기에 펜타토닉 계열에서 자주 이용되는 ♭5th도 함께 사용할 수 있다. 이 음을 잘 사용하면 프레이즈에 블루스 느낌이 강해진다.

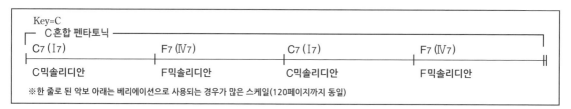

Key=C
┌ C혼합 펜타토닉 ──────────────────────
C7 (Ⅰ7)　　　　　F7 (Ⅳ7)　　　　　C7 (Ⅰ7)　　　　　F7 (Ⅳ7)
C믹솔리디안　　　F믹솔리디안　　　C믹솔리디안　　　F믹솔리디안
※한 줄로 된 악보 아래는 베리에이션으로 사용되는 경우가 많은 스케일(120페이지까지 동일)

프레이징 포인트

오른쪽 그림에서 붉은 색으로 표시된 것이 마이너 펜타토닉의 구성음이다. 검은 색으로 표시된 음은 추가된 메이저 펜타토닉의 구성음이다. 혼합 펜타토닉은 마이너 펜타토닉에 △3rd, 6th, 9th의 음을 추가한 형태이며, '도리안+△3rd음'이라고 생각하면 외우기 쉬울 것이다.

이 스케일은 많은 구성음을 가지고 있으므로 단순히 스케일을 위아래로 이동시키는 것만으로는 멋을 낼 수 없다. 하나의 포지션에서 마이너 펜타토닉→메이저 펜타토닉으로 바꾸거나 'm3rd음→△3rd음'을 사용하는 어프로치로 연주하는 것이 중요하다.

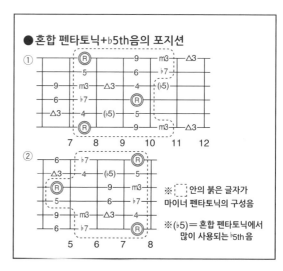

●혼합 펜타토닉+♭5th음의 포지션

※ 안의 붉은 글자가 마이너 펜타토닉의 구성음

※(♭5)=혼합 펜타토닉에서 많이 사용되는 ♭5th음

I7-IV7-I7-IV7

①의 포지션으로 연주하는 혼합 펜타토닉 ▶Track Number 33

1&3마디째의 'm3rd음→△3rd음'이 재즈스럽다. △3rd음이 C7의 코드 톤이기 때문에 프레이즈에서 코드 느낌이 난다. 그에 비해 2&4마디째에서는 △3rd음을 사용하지 않고 결과적으로 C도리안+♭5th음으로 연주했다. 사실은 F7(IV7)에서 사용할 수 있는 F믹솔리디안은, C도리안과 같은 구성음이다.

②의 포지션으로 연주하는 혼합 펜타토닉 ▶Track Number 34

1마디째 시작부분은 3번 줄에서 2번 줄로 줄 이동을 하는 'm3rd음→△3rd음'이다. 3마디째는 'm3rd음→△3rd음'을 5번 줄에서 하고 있다. 결정적인 음 사용은 다양한 포지션에서 할 수 있도록 하자. 이 반음 상행은 '반음 아래에서 목적음으로의 어프로치'라고 볼 수도 있다(2마디째 슬라이드 부분도 마찬가지).

BACKING

C△7-Am7-Dm7-G7

목표　3음 구성 코드로 '4비트'&뮤트 테크닉을 배우자

'4로 나누기' 백킹에서는 3음 구성 스타일의 코드가 많이 사용된다. 따라서 '4로 나누기'는 뮤트를 얼마나 잘 하는가가 중요하다. 각 코드 폼에서는 지판을 누르고 있는 손가락의 끝 부분이나 배 부분을 이용해 불필요한 줄을 확실하게 뮤트하자. 또한 뮤트한 줄을 함께 스트로크하면 음압이 높아지고 코드의 어택감도 늘어나 그루브가 더욱 강조된다. 3음 구성의 코드는 지판을 누르는 수가 적으므로 코드 체인지를 신속하게 할 수 있다.

☐코드 진행 분석

1~2마디째 C△7(or C6)-Am7(I△7 or I6-Ⅵm7)은 양쪽 코드에 공통된 구성음이 많다. 예를 들어 C6과 Am7의 구성음은 '도, 미, 솔, 라'로 완전히 같다. C△7과 Am7의 구성음은 '도, 미, 솔'의 3음이 공통된다. 이처럼 구성음의 대부분이 공통되는 코드끼리의 관계를 재즈에서는 '대리 코드'라고 한다. 참고로 C△7(or C6)의 대리 코드로 Em7(Ⅲm7)도 많이 사용된다.

또한 3~4마디째 Dm7-G7(Ⅱm7-Ⅴ7)은 투 파이브라는 점에도 주목하자.

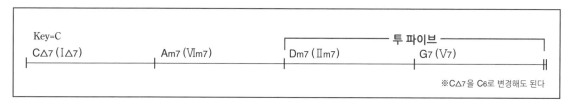

Key=C
C△7 (I△7)　　　　　　　Am7 (Ⅵm7)　　　　　　　Dm7 (Ⅱm7)　　　　　　　투 파이브　　　　　　G7 (Ⅴ7)

※C△7을 C6로 변경해도 된다

☐프레이징 포인트

'4로 나누기' 플레이에 많이 사용되는 '3음 구성의 코드'는 지판을 누르는 부분이 적은 간편한 스타일이다. 하지만 지판을 누른 줄만 연주하지는 않으며, 불필요한 줄을 확실하게 뮤트해서 모든 줄을 한꺼번에 스트로크한다. 오른쪽 그림은 6번 줄 루트의 Am7에서 지판을 누를 때와 뮤트할 때의 모습이다. 2번 손가락이 6번 줄을 누르면서 손가락 배 부분을 5번 줄에 대서 뮤트한다. 3~4번 줄을 부분 바레하는 1번 손가락은 1~2번 줄을 약간 띄워서 뮤트한다. 쉼표나 브러싱을 할 때에는 손가락이 줄에서 떨어지지 않도록 해야 한다.

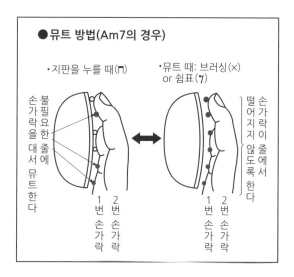

●뮤트 방법(Am7의 경우)

・지판을 누를 때(∏)

불필요한 줄을 대서 뮤트한다

1번 손가락　2번 손가락

・뮤트 때: 브러싱(×) or 쉼표(ξ)

떨어지지 않도록 한다 손가락이 줄에서

1번 손가락　2번 손가락

I△7-VIm7-Ⅱm7-V7

'3음 구성의 코드'로 하는 '4로 나누기' 플레이　▶Track Number 35

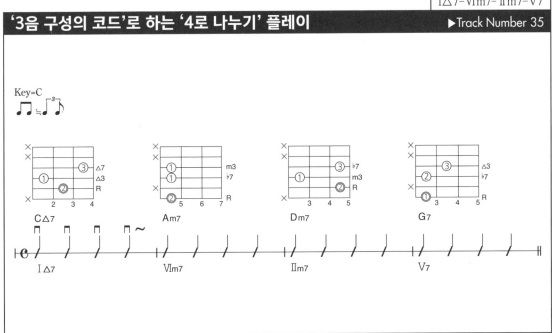

기본적인 '3음 구성의 코드'를 사용한 4로 나누기 플레이다. 코드마다 구성음의 5th음이 생략되었지만, 코드로서의 기능은 충분히 하고 있다. 악보 예에는 사용되지 않았지만 '□m7(♭5)'는 '♭5th음'이 생략되면 '□m7'과 같은 폼이 된다.

보텀에 5th음을 이용해서 매끄러운 저음 라인을 만든다　▶Track Number 36

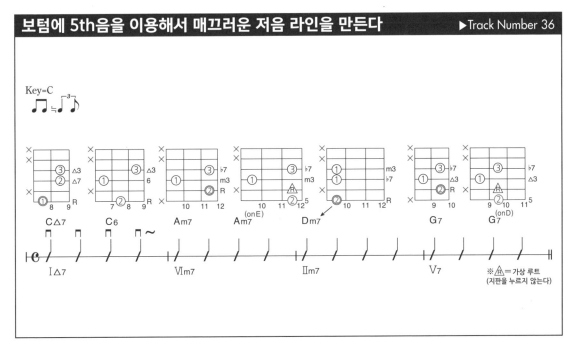

1마디째는 C6를 사용해서 코드의 내성(톱이나 보텀 이외의 음)에 변화를 주었다. 2마디 3~4박째는 보텀을 5th음으로 변경했다. 이렇게 함으로써 6번 줄 E음(12f)이 Dm7의 루트음(D음: 10f)을 향해서 매끄럽게 연계가 된다. 마찬가지로 4마디 3박째는 보텀음이 매끄럽게 악보 예 시작부분으로 돌아가기 위한 어프로치다.

난이도 ★★☆☆☆

SOLO

C△7-Am7-Dm7-G7

목표 코드 구성음만으로 재지한 솔로를 연주해보자

재즈 애드리브는 기본적으로 코드 진행을 따르며 스케일을 연주하지만, 실제로는 아닌 경우도 있다. 이럴 때 좋은 것이 코드의 구성음만으로 연주하는 솔로 어프로치다. 스케일을 바탕으로 프레이징을 할 때에도 코드 톤을 잘 적용시키는 것은 매우 중요한 포인트다. 코드 하모니가 느껴지는 재즈다운 솔로 프레이즈를 연주하기 위해서는 코드 톤 파악이 필수적이다.

코드 진행 분석

이번 페이지에서는 스케일보다 코드 톤에 중심을 둔 솔로 프레이징에 대해 설명하며, 각 코드에 대응하는 스케일도 간단히 설명하겠다.

2마디째 Am7(Ⅵm7)은 1마디째 C△7(Ⅰ△7)의 구성음과 대부분 같으므로 C이오니안 그대로 플레이할 수 있다. 이어지는 3~4마디째 투 파이브(Dm7-G7: Ⅱm7-Ⅴ7)는 앞의 장에서 소개한 그대로다. G7(Ⅴ7)에서는 G믹솔리디안을 비롯한 다양한 스케일을 사용할 수 있다.

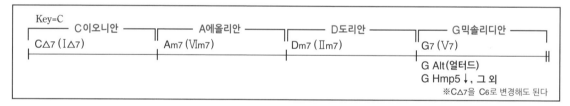

Key=C
| C이오니안 | A에올리안 | D도리안 | G믹솔리디안 |

C△7(Ⅰ△7)　　　Am7(Ⅵm7)　　　Dm7(Ⅱm7)　　　G7(Ⅴ7)
G Alt(얼터드)
G Hmp5↓, 그 외
※C△7을 C6로 변경해도 된다

프레이징 포인트

코드 톤을 메인으로 하는 프레이즈에서는 스케일 음을 뛰어넘어 연주하는 3도 간격의 음 사용이 핵심이다. 3도에는 △3도와 m3도가 있으므로 각각의 코드에 대응하는 3도 간격의 운지패턴을 파악하는 것이 필수적이다. 오른쪽 그림에서 소개하는 다이어그램은 가장 기본적인 패턴이다. 이외에 다른 포지션에서도 플레이할 수 있도록 평소에 탐구와 연습을 하는 것이 중요하다. 비밥 스타일 어프로치에는 텐션음을 포함한 다양한 아르페지오가 많이 사용된다. 우선은 오른쪽 그림부터 시작해보자.

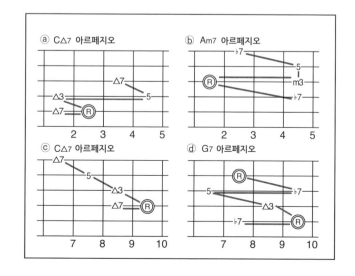

ⓐ C△7 아르페지오
ⓑ Am7 아르페지오
ⓒ C△7 아르페지오
ⓓ G7 아르페지오

Ⅰ△7-Ⅵm7-Ⅱm7-V7

코드의 구성음만으로 연주하는 프레이징　　　▶Track Number 37

각 코드의 코드 톤을 메커니컬하게 연결시킨 어프로치다. 다소 무리가 있는 느낌이지만 프레이즈의 코드 느낌은 강력하다. 1마디째 (ⓐ 참조) C△7은 루트음이 아닌 △7th음에서 연주를 시작한다. 만약 □m7코드 또는 □7코드의 경우라면 ♭7th음에서 시작해도 된다.

반음 아래에서 시작하는 어프로치&리듬 베리에이션　　　▶Track Number 38

반음 아래에서 시작하는 슬라이드, 해머링 또는 리듬 아이디어에 의해 더욱 재즈스러워진다. 1마디째 마지막 음&4마디째 시작부분은 반음 아래에서 시작하는 슬라이드를 사용한 예다. 1마디째 마지막 음은 뒷박의 어택으로 들어가는 리듬 어프로치다. 단순히 코드 톤을 오르내리는 것이 아닌, 4마디째처럼 음의 순서를 랜덤으로 하는 것도 효과적이다.

난이도 ★★☆☆☆

BACKING

C△7-A7-Dm7-G7

목표 재즈의 대표적인 리듬 워크 '컴핑'에 도전해보자!

'컴핑'이란 같은 리듬으로 연주하는 '4로 나누기'와 달리, 때로는 불규칙한 타이밍으로 들어오는 코드 백킹을 말한다. 말하자면 민요에서 '추임새' 같은 역할을 한다. 불규칙하다고 해서 완전히 엉뚱한 타이밍에 들어오면 의미가 없다. 다른 파트의 리듬에 호응하면서 전체 리듬을 더욱 활성화시키는 것이 본래의 목적이다. 결과적으로 백킹 부분에 많은 공간(쉼표 부분)이 생겨 솔로 파트가 더 자유롭게 음을 사용할 수 있다는 이점도 있다.

☐코드 진행 분석

스탠더드 곡에서 자주 사용되는 필수 코드 진행이다. 앞 페이지와 비슷하지만 2마디째가 7th코드인 점이 다르다. G7-C△7(V7-I△7)과 마찬가지로 A7-Dm7(VI7-Ⅱm7)도 4도(5프렛 차이) 진행이므로 매우 매끄러운 흐름이 특징이다.

이 A7(VI7)은 ♭9th, #9th, ♭13th 등의 텐션음과 궁합이 좋다. 그리고 보사노바에서는 #11th도 많이 사용되므로 '# 또는 ♭이 붙은 텐션음'이라고 함께 외워두어도 좋다.

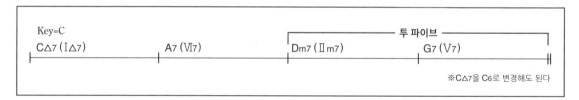

Key=C

C△7 (I△7)   A7 (VI7)   Dm7 (Ⅱm7) ─── 투 파이브 ─── G7 (V7)

※C△7을 C6로 변경해도 된다

☐프레이징 포인트

컴핑에는 대략적으로 3가지 기본 리듬 패턴이 있다(오른쪽 그림). 그리고 재즈 기타가 록이나 소울 등 다른 플레이 스타일과 크게 다른 점은 이 리듬을 모두 다운 스트로크로 플레이한다는 것이다. 쉼표에서 하는 '헛 피킹'도 중요하다. 재즈에서의 헛 피킹은 록이나 펑크 계열의 헛 피킹과는 달리 움직임이 매우 작다. 또한 대부분 다운 스트로크인 점이 재즈 기타만의 특색이라 할 수 있다.

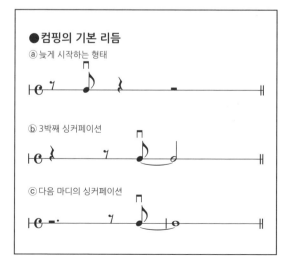

●컴핑의 기본 리듬
ⓐ 늦게 시작하는 형태

ⓑ 3박째 싱커페이션

ⓒ 다음 마디의 싱커페이션

I△7-Ⅵ7-Ⅱm7-Ⅴ7

심플한 기본 컴핑 엑서사이즈　▶Track Number 39

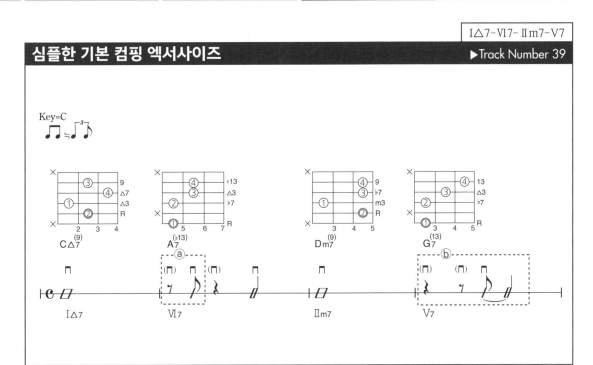

각 코드에서 2번 줄 위의 텐션음 흐름이 매우 자연스러운 느낌을 내고 있다. 2마디째는 '웅타, 우웅~', 4마디째는 '우웅, 웅타~'와 같이 쉼표를 정확히 느끼며 플레이하는 것도 중요하다. 4비트에서 미묘한 8분음쉼표의 잠시 멈추는 정도에도 주목하자.

'어택'이 있는 컴핑 엑서사이즈　▶Track Number 40

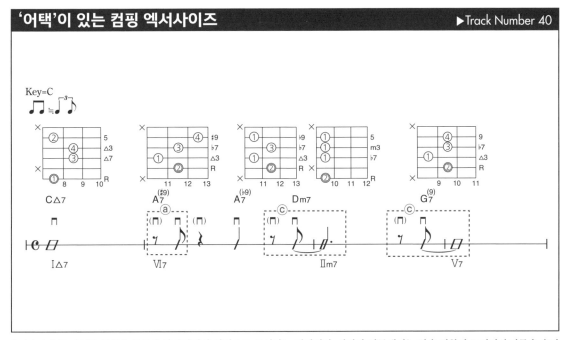

3~4마디째 투 파이브 부분은 코드가 앞마디에서 어택으로 들어가는 패턴이다. 이러한 리듬에서는 박을 정확히 느끼면서 리듬을 유지하는 것이 중요하다. 리듬 유지를 소홀히 하면 다른 파트와 리듬이 어긋나거나 최악의 경우 플레이 중에 리듬을 잃어버릴 수도 있다.

난이도 ★★☆☆☆

SOLO

C△7-A7-Dm7-G7

목표 '코드→단음' 트레이닝으로 하모니 감각을 키우자

재즈 기타 솔로는 항상 배경에 흐르는 코드 하모니를 느끼면서 플레이하는 것이 중요하다. 이것은 재즈에서 중시되는 '프레이즈가 가진 코드 느낌'과 깊은 관계가 있다. '코드의 하모니→스케일'의 관계를 감각적으로 익히기 위해서는 각각의 코드를 한번 쳐보고 단음 프레이즈를 연주하는 연습을 하면 좋다. 독주 스타일의 기초연습으로도 좋다. 이 페이지에서는 그 구체적인 연습방법에 대해 소개한다.

☐ 코드 진행 분석

이 코드 진행은 60페이지의 진행과 2마디째가 다르다. 여기서는 그 다른 부분에 대해서 해설한다. A7(VI7)에서는 AHmp5↓ 또는 A얼터드를 사용할 수 있다. 이 스케일은 A7과 궁합이 좋은 텐션음(♭9th, ♭13th)을 포함하고 있기 때문이다.

코드 진행면에서 보면 A7-Dm7(VI7-Ⅱm7)은 G7-C△7(V7-Ⅰ△7)과 같은 4도(5프렛 차이) 진행이며 매끄럽고 강한 진행감을 가지고 있다. 따라서 솔로에서도 이 하모니가 반영된 프레이즈를 연주하는 것이 중요하다.

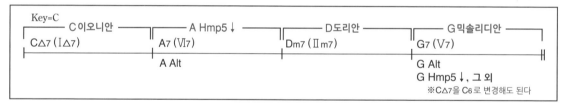

Key=C

┌── C 이오니안 ──	── A Hmp5↓ ──	── D 도리안 ──	── G 믹솔리디안 ──
C△7 (Ⅰ△7)	A7 (VI7)	Dm7 (Ⅱm7)	G7 (V7)
	A Alt		G Alt
			G Hmp5↓, 그 외

※C△7을 C6로 변경해도 된다

☐ 프레이징 포인트

코드를 연주한 후에 단음 프레이즈를 연습하는 경우, 각 코드와 그 주변 스케일음의 위치를 파악해두자. ⓐ&ⓑ가 그 예다. 특히 얼터드나 Hmp5↓ 등 # 또는 ♭이 붙은 텐션음을 많이 포함한 스케일에서는 ⓑ처럼 그에 대응하는 텐션 코드와의 관계를 정확히 파악해두자.

다음 페이지 악보 예를 연주할 경우, 코드는 각 줄을 명확하게 연주해 음을 충분히 늘인다. 그리고 코드를 연주한 후에는 신속하게 솔로를 위한 핑거링으로 전환한다.

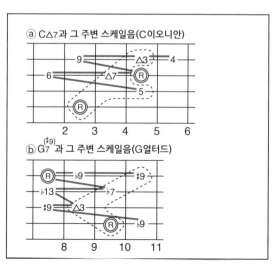

ⓐ C△7과 그 주변 스케일음(C이오니안)

ⓑ G7 과 그 주변 스케일음(G얼터드)

I△7-VI7- IIm7-V7

'코드→단음 프레이즈' 트레이닝: 1   ▶Track Number 41

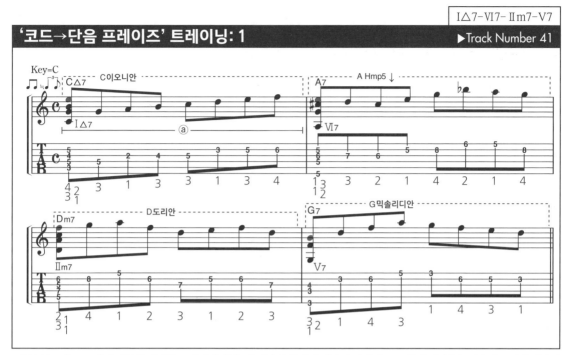

5번 줄 루트인 C△7에서 연주를 시작한 프레이징 예다. 앞 페이지 ⓐ에서 예시한 것처럼 코드 폼의 인접음을 사용하는 것이 핵심이다. 또한 각 마디 마지막 음→각 코드 톱노트로의 매끄러운 움직임에도 주목하자.

'코드→단음 프레이즈' 트레이닝: 2   ▶Track Number 42

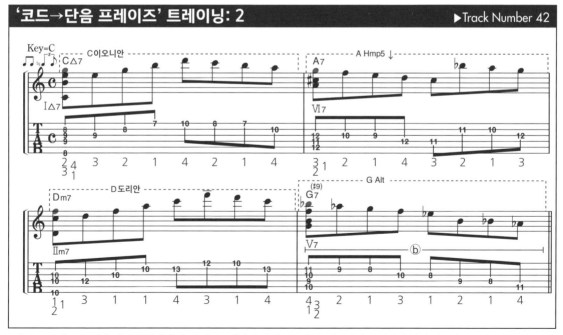

6번 줄 루트인 C△7에서 연주를 시작한 악보 예다. 4마디째 얼터드 스케일은 '스케일 구성음과 이에 대응하는 텐션 코드'의 포지션을 파악하는 것이 특히 중요하다(ⓑ). 또한 2&3마디처럼 톱 노트를 컨트롤하기 위해 '3음 구성의 코드'를 이용하고 있다는 것도 포인트다.

65

난이도 ★★☆☆☆

BACKING

Em7-A7-Dm7-G7

목표 텐션을 이용해서 톱 노트를 매끄럽게 하강시키자

재즈다운 플레이를 위해서는 그냥 적당한 텐션 코드를 많이 사용하는 것만으로는 안 된다. 재즈에서 백킹 플레이의 기본은 '하모니의 매끄러운 이행'이다. 이것을 실천하기 위한 가장 간편한 수단은 '각 코드의 톱 노트 움직임을 컨트롤하는 것'이다. 그 수단으로 텐션음을 이용하는 것이다. 이러한 생각을 바탕으로 트레이닝을 하면 솔로 플레이의 감각도 기를 수 있어 일석이조다.

▢코드 진행 분석

'3, 6, 2, 5'라 불리는 대표적인 코드 진행 패턴이다. Em7-A7(Ⅲm7-Ⅵ7)을 Key=D의 투 파이브라 생각하면 이해하기 쉬울 것이다.

다만 Dm7(Ⅱm7)과 달리 9th 텐션음을 추가한 Em7$^{(9)}$ (Ⅲm7$^{(9)}$)는 조바꿈의 느낌이 강해서 사용에 주의가 필요하다. 11th 텐션음을 추가한 Em7$^{(11)}$(Ⅲm7$^{(11)}$)라면 문제없이 사용할 수 있을 것이다. 11th음은 A음이다. 따라서 다음의 A7(Ⅵ7) 루트와 같은 음이 되어 원활하게 진행할 수 있을 것이다.

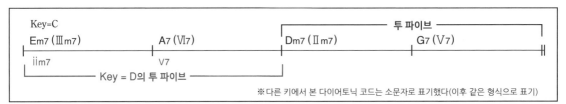

Key=C

| Em7 (Ⅲm7) | A7 (Ⅵ7) | Dm7 (Ⅱm7) | G7 (Ⅴ7) |

투 파이브

ⅱm7   V7

Key = D의 투 파이브

※다른 키에서 본 다이어토닉 코드는 소문자로 표기했다(이후 같은 형식으로 표기)

▢프레이징 포인트

텐션음을 잘 이용하면 코드 진행의 톱 노트 움직임을 컨트롤해서 매끄러운 진행을 만들 수 있다. 여기서는 비교적 플레이하기 쉬운 2번 줄 톱 노트를 하강시키는 어프로치를 소개한다. 오른쪽 그림은 다음 페이지 악보 예2에서 2번 줄의 음정이행을 정리한 것이다.

①은 A7(Ⅵ7)과 G7(Ⅴ7)에 ♭9th음을 이용해서 톱 노트를 매끄럽게 반음 하강시키는 대표적인 어프로치다.

②는 A7 이후의 각 코드의 톱 노트가 모두 텐션음이며, 그것들이 하강 라인을 형성하고 있다. ①~② 모두 텐션음을 이용하는 움직임이다.

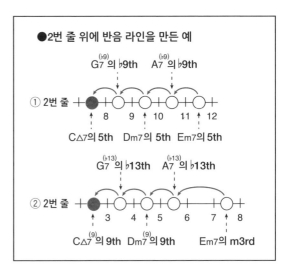

●2번 줄 위에 반음 라인을 만든 예

Ⅲm7-Ⅵ7-Ⅱm7-Ⅴ7

텐션음을 활용해 톱 노트를 반음 하강시킨 예: 1 ▶Track Number 43

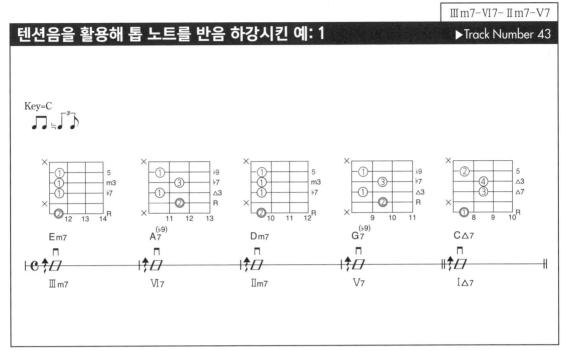

인트로 등에서 볼 수 있는 심플한 플레이다. 모두 온음표라고 해서 우습게 보면 안 된다. 1~4마디 사이에서는 2~4번 줄의 1번 손가락 바레를 정확하게 해야 한다. 특히 2번 줄을 명확하게 연주해야 한다. 도중에 음이 끊어지지 않도록 해야 한다. 그렇다고 해서 너무 힘을 주어 불필요한 1번 줄까지 누르지 않도록 하자.

텐션음을 활용해 톱 노트를 반음 하강시킨 예: 2 ▶Track Number 44

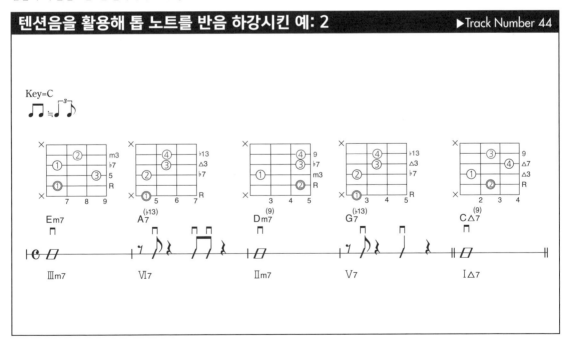

2&4마디째 컴핑(62페이지 참조)에 의한 리듬 워크에 멜로디어스한 톱 노트의 하강 라인을 더한 어프로치 프레이즈다. 운지에서는 Em7에 주의하자. 여기서 1번 줄까지 울리면 모처럼의 하강 라인이 흐트러진다. 1번 손가락을 젖히는 정도를 조절해서 1번 줄을 확실하게 뮤트하자.

난이도 ★★★☆☆

SOLO

Em7-A7-Dm7-G7

목표   코드 톤으로 시작해서 다음 코드 톤으로 연결시키기

스케일을 바탕으로 하는 프레이징에서는 코드 진행의 흐름이 느껴지는 어프로치가 중요하다. 이것을 손쉽게 할 수 있는 한 가지 수단이 '코드 톤부터 연주를 시작해 다음에 진행할 코드 톤으로 연결'시키는 방법이다. 코드 톤부터 연주를 시작하는 것만으로도 하모니 느낌을 어느 정도 강조할 수 있다.

마지막 음을 다음 코드 톤과 연계시키면 각각의 스케일을 매끄럽게 이행시킬 수 있다. 그럼 구체적인 수법에 대해서 살펴보자.

☐코드 진행 분석

58페이지 Am7(VIm7)과 마찬가지로 Em7(IIIm7)도 C△7 or C6(I△7 or I6)와 바꿔서 사용할 수 있다. 따라서 Em7의 기본대응 스케일은 E프리지안이지만 이 부분을 C이오니안으로 연주해도 문제없다. 64페이지 진행의 응용형이라고 생각해도 된다. 또 한 가지는 Em7-A7(IIIm7-VI7)을 'Key=D로 부분 조바꿈한 투 파이브'로 보는 것이다. 아래 그림에는 표기되어있지 않지만 Em7에 E도리안을 사용할 수 있다. 다만 이 방법으로는 조바꿈 느낌이 강해지므로 다른 파트와의 하모니 밸런스에 주의할 필요가 있다.

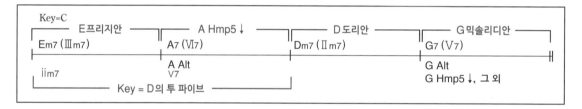

☐프레이징 포인트

코드 톤에서 연주를 시작하는 프레이징의 경우, 각각의 스케일을 매끄럽게 연결시키는 것이 중요하다(아래 그림). 포인트는 프레이즈의 마지막 음을 다음에 진행하는 코드 톤으로 얼마나 매끄럽게 연결시킬 것인가다. 이것은 코드가 바뀌었을 때, 앞 코드에서 연주한 마지막 음 부근에 있는 코드 톤을 이용하는 것이 가장 편리하다(다음 페이지 위쪽 악보 예 참조).

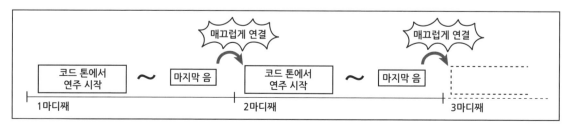

IIIm7-VI7-IIm7-V7

루트, 3rd, 5th의 주요 코드 톤에서 시작하는 어프로치　▶Track Number 45

루트, 3rd, 5th의 주요 코드 톤에서 연주를 시작한 예다. 무반주로 플레이해도 코드 진행이 느껴질 것이다. 각 마디도 하모니 느낌을 더 강조하고 있으며, 3박째도 코드 톤을 사용한 프레이징이다. 3마디째 운지는 어렵다면 변경해도 된다.

7th 또는 텐션음에서 시작하는 어프로치　▶Track Number 46

2마디째는 Hmp5↓의 ♭7th음부터 스케일을 따라 1옥타브 하강한다. 하지만 각 박마다 코드 톤이 위치해있어 코드 느낌이 매우 강하다. 슬라이드를 이용한 미묘한 이동은 재즈에서는 상투적인 운지다. 옥타브 ♭9th음으로 시작하는 4마디째 프레이즈는 이 스케일을 대표하는 음 사용 중 하나다.

난이도 ★★☆☆☆

BACKING

C△7-Am7-Dm7-G7-Em7-A7-Dm7-G7

목표

코드가 자주 바뀌는 경우에는 루트음 생략으로 대응한다

재즈는 코드 백킹에서 반드시 루트음을 연주할 필요는 없다. 루트음은 베이시스트나 다른 파트가 연주하는 경우가 많으므로 생략해도 문제 없다. 여기서 다루는 것처럼 코드 체인지를 빈번하게 하는 진행에서는 베이스음을 생략하는 것이 훨씬 편할 수 있다. 게다가 베이시스트 파트와 저음 중복을 피할 수 있어 전체적으로 사운드 밸런스도 좋아진다. 여기서는 베이스음을 생략한 폼의 컴핑에 대해서 배워보겠다.

🔲 코드 진행 분석

'1, 6, 2, 5→3, 6, 2, 5'라 불리는 대표적인 진행으로, 58페이지와 66페이지에서 다룬 두 가지 진행 패턴을 연결한 형태다.

　다음 페이지 악보 예에서는 코드 진행에서 나오는 모든 코드를 플레이하고 있지만 이것들을 항상 연주할 필요는 없다. 특히 밴드에서는 베이시스트 파트도 코드 진행을 지원하고 있으므로 기타리스트가 코드를 다소 생략하더라도 전체 사운드에는 문제가 없는 것이다.

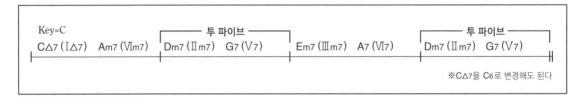

Key=C

C△7 (I△7)　　Am7 (VIm7)　　┌──── 투 파이브 ────┐　　Dm7 (IIm7)　　G7 (V7)　　　Em7 (IIIm7)　　A7 (VI7)　　┌──── 투 파이브 ────┐　　Dm7 (IIm7)　　G7 (V7)

※C△7을 C6로 변경해도 된다

🔲 프레이징 포인트

코드 체인지를 빈번하게 하는 경우에는 루트음을 생략해서 컴핑을 하는 경우가 많다. 이때는 미리 코드의 가상 루트 위치를 파악해두는 것이 중요하다. 어떠한 코드 워크든 루트음은 항상 위치 기준에 필수적이다(오른쪽 그림).

　재즈 스타일 코드 워크에서는 연주하지 않는 줄은 누르지 않는 경우가 많다. 때문에 다음 페이지 악보 예에서는 저음 루트가 있느냐 없느냐에 따라서 코드를 누르는 폼(운지)이 달라진다는 점에도 주의하자.

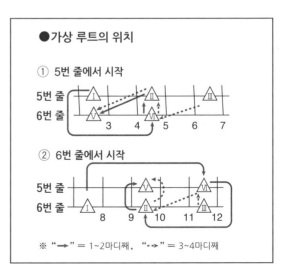

●가상 루트의 위치

① 5번 줄에서 시작

② 6번 줄에서 시작

※ "→" = 1~2마디째,　"⇢" = 3~4마디째

IΔ7-VIm7-IIm7-V7-IIIm7-VI7-IIm7-V7

5번 줄 가상 루트에서 시작하는 컴핑 패턴　▶Track Number 47

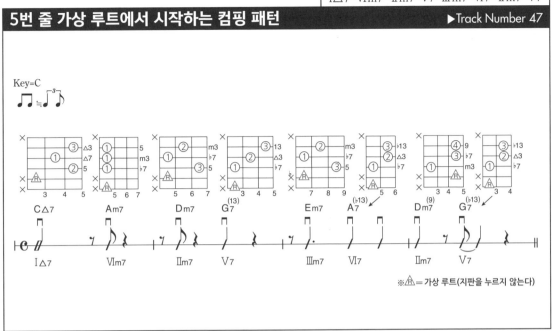

CΔ7의 가상 루트를 5번 줄 3f으로 하는 경우의 어프로치다. 루트음이 생략된 결과, 2~4번 줄의 운지가 그에 맞추어 변경된 점에 주목하자. 지판을 누르는 줄이 줄어든다는 것은 뮤트를 해야 하는 줄이 늘어난다는 뜻이기도 하다. 만약 5번 줄이 울린다면 4번 줄을 누르는 손가락 끝을 가볍게 5번 줄에 대서 뮤트한다.

6번 줄 가상 루트에서 시작되는 컴핑 패턴　▶Track Number 48

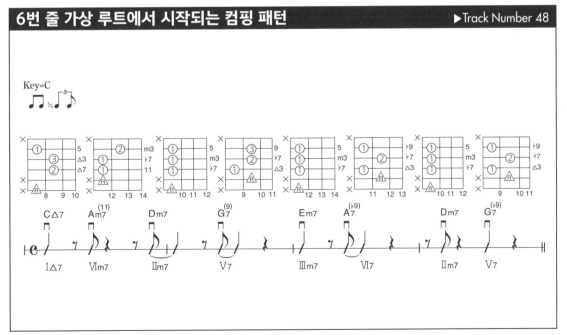

CΔ7의 가상 루트를 6번 줄 8f으로 설정한 컴핑 예다. 코드 체인지가 많고 리듬도 복잡한 경우, 재즈에서는 루트음을 생략하는 경우가 많다. 그리고 이러한 하이 포지션 플레이에서는 5~6번 줄 루트를 연주하지 않는다. 저음현 하이 포지션은 출력이 커서 코드의 울림이 불명료해지기 때문이다.

난이도 ★★☆☆☆

SOLO

C△7-Am7-Dm7-G7-Em7-A7-Dm7-G7

목표 아르페지오→스케일 라인 프레이징 익히기

코드에 대응하는 스케일을 단순히 오르락내리락 하는 것만으로는 재지한 분위기를 낼 수 없다. 코드 톤과 텐션음을 포함한 아르페지오 프레이즈를 잘 조합하는 것이 중요하다. 여기서는 '아르페지오→스케일 라인' 순서로 연주하는 솔로 프레이징에 대한 노하우를 배운다.

특히 템포가 빠른 곡이나 자주 코드 체인지를 하는 진행에서 효율적으로 하모니 느낌을 더하기 위한 필수적인 어프로치 수법이다.

☐ 코드 진행 분석

다음의 코드 진행은 60페이지와 68페이지의 진행 패턴을 연결시킨 것으로, 대응 스케일도 그에 맞춘 형태가 된다(아래 그림). 문제는 2박마다 코드가 바뀐다는 것이다. 이러한 경우, 스케일을 하나하나 쫓아가기만 해서는 애드리브가 불가능하다. 이럴 때 재즈맨은 '릭'

을 사용한다. '릭'이란 정통파 코드 진행에 대한, 말하자면 대표적인 작은 프레이즈다. 이것을 다수 익혀놓으면 신속한 코드 체인지에 대응이 가능한 애드리브를 할 수 있게 된다.

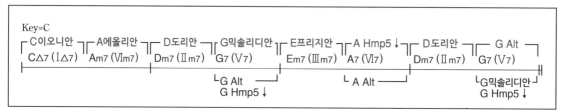

☐ 프레이징 포인트

'아르페지오→스케일 라인' 어프로치다. 구체적으로는 각 마디 1~2박째에서 코드에 대응하는 4음 아르페지오를 연주하고, 3~4박째에서 스케일 라인을 이루는 프레이즈를 연주한다.

오른쪽 그림 ⓐ&ⓑ에서 소개한 릭은 3마디째 'Em7(Ⅲm7)→A7(Ⅵ7)'의 프레이징 예다. 자주 나오는 포지션 2종류가 소개되었으며, 이것 이외에도 다양한 포지셔닝과 운지가 있으므로 각자 찾아보기 바란다. 명연주 CD를 듣고 다양한 릭을 배우는 것도 프레이징 실력 향상에 필수적이다.

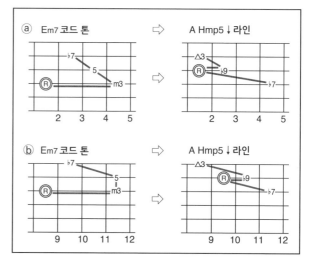

I△7-VIm7-IIm7-V7-IIIm7-VI7-IIm7-V7

저음역에서의 '아르페지오→스케일' 프레이징 ▶Track Number 49

1~3마디 1~2박째의 4음 아르페지오는 제1장 22페이지 아래의 악보 예와 같은 포지션을 사용하고 있다. 이처럼 아르페지오 릭은 코드가 같다면 그대로 이용할 수 있는 경우가 많다. 각 마디 후반 2박은 스케일 라이크한 하강 프레이즈다. 운지는 4마디 2~3박째의 연속 조인트가 어려울 것이다.

고음역에서의 '아르페지오→스케일' 프레이징 ▶Track Number 50

위의 악보 예를 1옥타브 올린 것이다. 당연히 운지가 다르며 여기서는 조인트가 많이 사용되었다. 조인트 후에는 신속하게 손가락을 세워 일반적인 폼으로 바꾸는 것이 중요하다. 그리고 같은 줄 1번 손가락 운지가 연속되는 부분(1마디째 4박째 등)에서는 슬라이드 요령으로 운지를 한다.

난이도 ★★★★★

BACKING

Dm7-G7-Em7-A7

목표

반음 어긋나게 연주하는 코드를 사용해보자

재즈에서는 본래 진행에 포함되어있지 않은 코드를 플레이하는 경우가 많다. 어려울 것 같지만 의외로 간단한 것도 있다. 목적한 코드를 향해서 반음 아래 또는 반음 위에서 어프로치하는 수법='반음 어긋나게 연주하기'는 가장 간편한 코드 테크닉이다.

주법이 간단하다고 해서 쉽게 봐서는 안 된다. 그냥 어긋나게 하는 것만으로는 재즈 느낌을 낼 수 없다.

여기서는 주의점과 포인트에 대해서 소개한다.

☐ 코드 진행 분석

66페이지에서 소개한 '3, 6, 2, 5'의 전반부와 후반부가 뒤바뀐 진행 패턴이다. Em7(Ⅲm7)과 11th음이 궁합이 좋다는 점이 같으며, A7(Ⅵ7)에는 다양한 텐션음을 이용할 수 있다. 다만 Em7-A7(Ⅲm7-Ⅵ7) 사이에서 자연스러운 진행감을 유지시켜야 한다는 조건이 있다.

이 코드 진행은 곡 안에서는 물론 엔딩의 반복부분에도 많이 사용된다. 참고로 본 진행이나 Dm7-G7-C△7-A7(Ⅱm7-Ⅴ7- Ⅰ△7-Ⅵ7) 등을 '역순환'이라 부르는 경우도 있다.

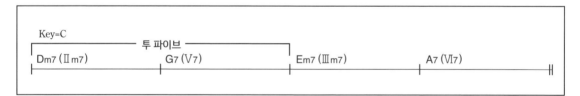

☐ 프레이징 포인트

이 예를 포함해 대부분의 모든 코드를 반음 아래 또는 반음 위로 어긋나게 할 수 있다. 다만 톱 노트나 보텀음의 움직임을 포함해 자연스러운 흐름을 만들어내는 것이 중요하다. 위아래 중 어느 쪽으로 어긋나게 할 것인가는 자연스러운 흐름을 고려해야 한다. 오른쪽 그림의 ⓐ는 G7⁽⁹⁾을 아래에서 위로, ⓑ는 G7을 위에서 아래로 어프로치한 것이다. 다음 페이지 악보 예와 함께 앞뒤의 흐름을 확인해보자.

재즈 느낌이 나도록 어긋나게 하기 위해서는 리듬에도 신경을 써야 한다. 다음에 진행하는 코드를 먼저 연주하는 어택 리듬을 사용해보자.

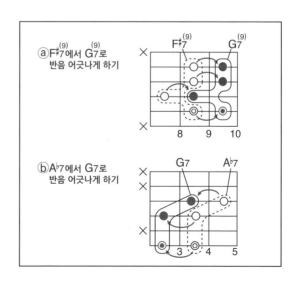

Ⅱm7-Ⅴ7-Ⅲm7-Ⅵ7

반음 아래에서 어긋나게 하는 어프로치   ▶Track Number 51

반음 아래에서 위로 어긋나게 하는 어프로치가 다수 사용된 예다. 리드미컬한 컴핑을 첨가해서 백킹에 약동감을 주었다. 악보 예는 다음 마디의 코드를 먼저 연주하는 반음 어긋나게 하기를 많이 사용하고 있다. 하이 포지션에서 저음줄의 운지가 힘든 경우에는 루트음을 생략해도 된다.

반음 아래&반음 위에서 어긋나게 하는 어프로치   ▶Track Number 52

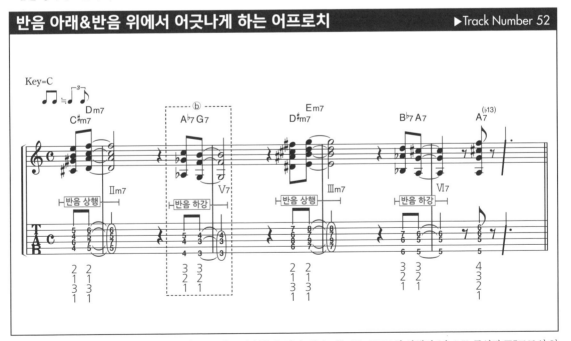

반음 어긋나게 하는 어프로치는 '3음 구성의 코드'에도 이용할 수 있다. 악보 예는 □m7코드의 상행과 3음으로 구성된 □7코드의 하강이 교대로 반복되어 톱 노트의 움직임에 서브 멜로디 같은 효과를 주고 있다. 하지만 너무 자주 사용하면 하모니의 흐름을 오히려 방해할 수 있다.

난이도　★★★☆☆

SOLO

Dm7-G7-Em7-A7

목표　셋잇단음 스위프 피킹 솔로를 해보자

재즈 기타에서 규칙적으로 리듬을 연주하는 '얼터네이트 피킹'은 그렇게 중요하지 않다. 재즈 프레이징은 8분음과 셋잇단음이 랜덤으로 바뀌기 때문에 피킹의 규칙성에 그다지 집착하지 않는다. 특히 여러 줄을 걸치는 아르페지오 프레이즈에서는 얼터네이트 피킹 대신에 다운 또는 업만으로 단번에 연주하는 스위프 피킹이 자주 사용된다.

여기서는 특히 사용빈도가 높은 셋잇단음 아르페지오 스위프에 대해서 살펴보겠다.

🔲코드 진행 분석

'3, 6, 2, 5' 진행의 응용형이다. '3. 6. 2. 5'에서 '2, 5(Dm7 -G7: Ⅱm7- Ⅴ7)' 부분을 앞으로 이동시킨 코드 진행이다. 각 코드에 대응하는 스케일도 68페이지에서와 같은 방식으로 한다. Em7(Ⅲm7)은 CΔ7(IΔ7)의 대리 코드 (구성음이 거의 같기 때문에 대치해서 사용할 수 있는 코드)이므로 E프리지안을 C이오니안으로 바꾸어 연주해도 좋다. 이처럼 정통적인 코드 진행을 알아두면 기본적인 코드 진행을 대체하거나 응용할 수도 있다.

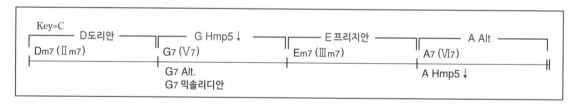

🔲프레이징 포인트

재즈에는 셋잇단음 아르페지오를 이용한 프레이즈가 많다. 이 프레이즈들을 규칙적인 얼터네이트로 연주하기는 매우 어렵다. 따라서 여기서는 '스위프 피킹'을 이용한 대표적인 경우를 몇 가지 소개하겠다. 오른쪽 그림에 나타낸 다이어그램은 많이 사용되는 프레이즈의 대표적인 패턴이다. 이 패턴들은 다양한 스케일에 응용될 수 있으므로 표기된 피킹 순서대로 평소에 연습해두는 것이 좋다. 스위프 리듬이 무너지지 않아야 하며, 중급자 이상이라면 상행, 하행을 거꾸로 하는 패턴에도 도전해보자.

●셋잇단음 스위프로 연주하는 대표적인 패턴

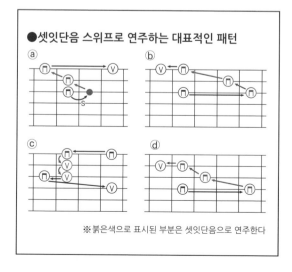

※붉은색으로 표시된 부분은 셋잇단음으로 연주한다

Ⅱm7-V7-Ⅲm7-Ⅵ7

로우 포지션에서의 셋잇단음 스위프 패턴 ▶Track Number 53

1&2마디째는 목적음의 반음 아래에서 슬라이드하고 그 뒤에서 스위프를 하는 패턴이다. 쉼표도 정확히 플레이하자. 2마디째는 G7(♭9) 느낌을 연출하는 GHmp5↓ 프레이즈다. 이 패턴은 dim코드에도 많이 사용된다. 4마디째는 얼터드 스케일에서의 스위프다. 앞마디에서 이어지는 '어택'에 주목하자.

하이 포지션에서의 셋잇단음 스위프 패턴 ▶Track Number 54

1마디째는 앞 악보 예 4마디째와 같은 모양이지만 뒤에서 사용하고 있는 코드가 다른 점에 주목하자. 2마디째는 이 프레이즈를 3프렛 상행시켜 연주한다. (※)로 표시된 2번 줄 13프렛은 얼터드에 포함되지는 않지만 믹솔리디안의 구성음이므로 문제없이 이용할 수 있다. 그리고 ⓑ를 2~4번 줄에서 연주하면 4마디째의 ⓓ가 된다.

난이도 ★★★☆☆　　　　　　　　　　　　**BACKING**

D7-Dm7-G7

목표　## 루트 생략형 '딴이름 같은 폼'을 익혀보자!

재즈 코드에는 루트음을 생략한 코드 폼이 많이 사용된다. 때문에 같은 폼이라도 가상 루트의 차이에 따라 코드 네임이 달라지는 '딴이름 같은 폼' 코드가 여러 개 존재한다. 이것을 평행이동시키면 많은 코드에 대응할 수 있으며, 다양한 진행에서 같은 폼을 사용할 수 있다.

포지션 이동을 적게 하는 어프로치를 할 때에도 반드시 도움이 되는 지식이다.

□코드 진행 분석

지금까지 소개한 진행과 비교해서 매끄러움은 좀 떨어지지만 'Take the "A" Train', 'The Girl From Ipanema'를 비롯한 수많은 스탠더드 넘버에 사용된 진행 패턴이다. 7th코드는 지금까지 소개한 C7, F7, G7, A7(I7, IV7, Ⅴ7, Ⅵ7) 이외에 여기서 나오는 D7(Ⅱ7)도 많이 등장한다.

궁합이 좋은 텐션으로는 9th, #11th, 13th의 3가지를 들 수 있다. 재즈에서는 텐션을 연주자에게 맡기는 경우가 많지만 #11th는 처음부터 D7$^{(\#11)}$이라고 지정되어 있는 경우도 있다.

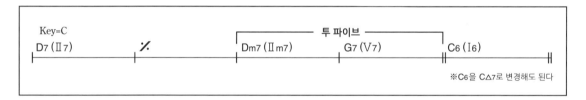

□프레이징 포인트

'딴이름 같은 폼' 코드 운지에는 몇 가지 패턴이 있다. 우선적으로 기억해두면 좋은 것이 오른쪽 그림의 ①과 ② 폼이다. 두 가지 모두 하나의 운지 폼으로 4가지 코드에 이용할 수 있다. 특히 가상 루트가 ⓐ, ⓓ의 위치에 있는 타입은 모두 많이 사용되는 코드이므로 반드시 마스터하자(다음 페이지 악보 예 참조). 가상 루트가 ⓒ, ⓓ 위치에 있는 타입은 마이너 키의 필수 코드이므로 이것도 중요하다. 응용을 위해서 각 코드의 가상 루트 위치를 외워두고, 가능하면 구성음도 파악해두기 바란다.

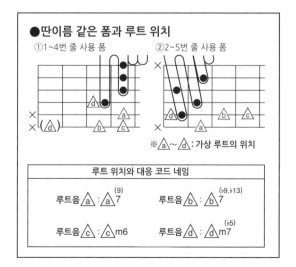

●딴이름 같은 폼과 루트 위치

①1~4번 줄 사용 폼　②2~5번 줄 사용 폼

※ⓐ~ⓓ：가상 루트의 위치

루트 위치와 대응 코드 네임	
루트음ⓐ : ⓐ7$^{(9)}$	루트음ⓑ : ⓑ7$^{(\flat9,\flat13)}$
루트음ⓒ : ⓒm6	루트음ⓓ : ⓓm7$^{(\flat5)}$

II7- IIm7-V7

1~4번 줄에서 '딴이름 같은 폼'을 이용한 악보 예 ▶Track Number 55

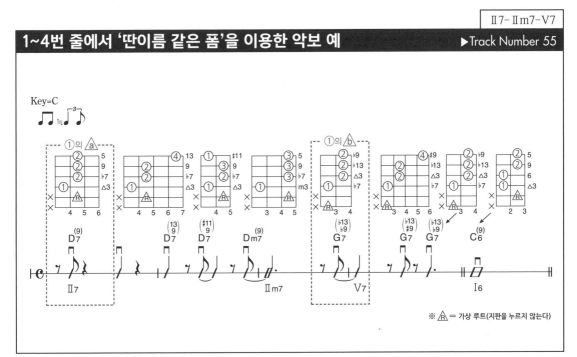

D7⁽⁹⁾과 G7(♭9, ♭13)에서 '딴이름 같은 폼'을 이용해 포지션 이동이 적은 코드 어프로치를 했다. 연주할 때에는 지판의 포지션보다 가상 루트의 이동에 항상 신경을 써야 한다. 저음 루트는 '머릿속'에서 울리게 하는 것이 코드 플레이 실력 상승의 포인트다.

2~5번 줄에서 '딴이름 같은 폼'을 이용한 악보 예 ▶Track Number 56

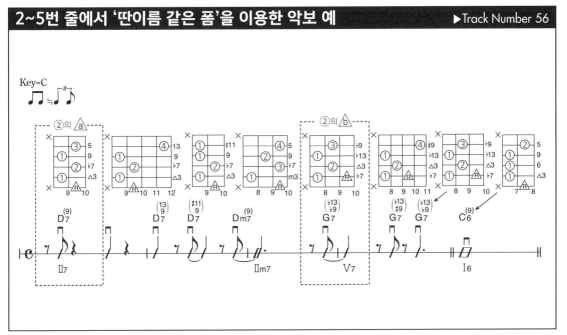

이것은 위의 악보 예 구성음을 그대로 2~5번 줄로 이동시킨 예다. 비교를 위해 완전히 동일한 리듬으로 플레이했다. 이곳의 G7(♭9, ♭13)에서는 '가상 루트가 지판을 누른 보텀음의 2프렛 위에 있다'라는 점에 주목하자. 두 악보 예 모두 루트음은 누르지 않는다.

SOLO

난이도 ★★★★☆

D7-Dm7-G7

목표 D7(Ⅱ7)에서 자주 나오는 리디안7th 스케일을 마스터하자

G7(Ⅴ7)에서 사용되는 얼터드 스케일과 함께 D7(Ⅱ7)에서 사용되는 리디안7th 스케일(약칭: Lyd7)도 재즈 느낌이 나는 스케일이다. 이것도 스케일 단독으로는 기억하기 힘든 울림의 음계이므로 대응하는 코드와 함께 연습하는 것이 중요하다. 이를 위해서는 여기서 소개하는 D7을 포함한 코드 진행을 이용하는 것이 좋다.

수많은 스탠더드 곡에도 많이 사용된 진행이므로 매우 실전적인 스케일 연습이다.

☐ 코드 진행 분석

포인트는 D7(Ⅱ7)에 대한 스케일 어프로치다. 이 부분은 믹솔리디안이어도 좋으며, 리디안7th로 플레이하면 더욱 재즈 느낌이 난다. 이 스케일에 포함된 ♯11th음(G♯음)은 D7과 궁합이 좋은 텐션음으로 재지한 하모니 느낌을 연출해주기 때문이다.

참고로 D7에는 이밖에도 ♯11th음이 구성음인 홀 톤 스케일도 이용된다. 홀 톤 스케일은 약간 벗어난 느낌의 스릴감을 준다.

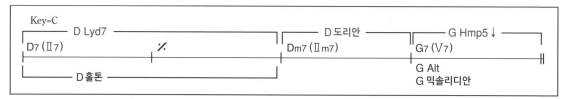

☐ 프레이징 포인트

오른쪽 그림에는 리디안7th의 구성음과 대표적인 운지 포지션이 표시되어있다. 얼터드와 마찬가지로 외우기 어려운 음계다. 구조는 리디안 스케일에서 제7음을 반음 내린 것이지만, '믹솔리디안의 제4음을 반음 올린 음계'라고 생각하는 편이 외우기 쉬울 것이다.

D7(Ⅱ7) 이외에도 C7, D♭7, E7, F7(Ⅰ7, ♭Ⅱ7, Ⅲ7, Ⅳ7) 등, 다양한 7th코드에서 이용되므로 오른쪽 그림에 표시된 것 이외의 포지션도 각자 찾아보자.

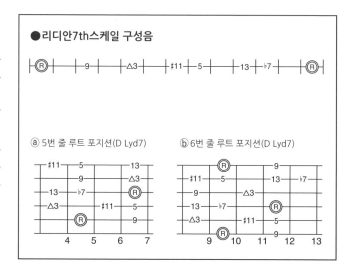

●리디안7th스케일 구성음

ⓐ 5번 줄 루트 포지션(D Lyd7)　　ⓑ 6번 줄 루트 포지션(D Lyd7)

II7-IIm7-V7

5번 줄 루트 포지션에서 리디안7th를 연주해보자 ▶Track Number 57

전반 2마디 D7에 대해서 5번 줄 루트의 D리디안7th(ⓐ)를 사용한 어프로치. 2마디째의 3번 줄 해머링→2번 손가락 조인트가 포인트다. 재즈에서는 1번 손가락뿐만 아니라 2번 손가락과 3번 손가락도 조인트에 이용한다. 3번 줄에서 1번 줄로 향하는 부분에서는 스위프 피킹을 한다.

6번 줄 루트 포지션에서 리디안7th를 연주해보자 ▶Track Number 58

아르페지오와 스케일에 따라 라인을 조합한 전형적인 비밥 느낌의 어프로치다. 1~2마디째 모두 1박째 뒷박에서 2박째로 도약하는 아르페지오 프레이즈가 포인트다. 이것을 마스터하고 나아가 비슷한 프레이즈를 연주할 수 있도록 앞 페이지의 그림을 외워두자.

난이도 ★★★☆☆

BACKING

Dm7-D♭7-C△7

목표   보사노바에 많이 사용되는 맞은편 코드

브라질 특유의 비트에 재즈 에센스를 더한 보사노바는 이제 재즈의 한 스타일로 정착되었다. 저음 라인의 흐름을 중시하는 매끄러운 코드 어프로치는 보사노바의 멋의 근원이라 할 수 있다. 특히 7th코드와 바꾸어 사용할 수 있는 맞은편 코드의 사용은 보사노바 스타일 백킹에 필수적인 코드 테크닉이다. 보사노바는 역시 손가락 피킹이지만 여기서는 피크로 연주하면서 '맞은편 코드'를 느껴보자.

코드 진행 분석

이 진행은 보사노바에서 사용되는 코드의 루트음이 매끄럽게 반음하강하는 패턴이다. 이 진행은 사실 투 파이브의 응용형이다. D♭7(♭II7)은 G7(V7) 대신에 사용되는 코드(대리 코드)다. 재즈에서는 이처럼 7th코드 대신에 사용할 수 있는 코드를 '맞은편 코드'라고 부른다.

D♭7과 궁합이 좋은 텐션은 메이저 키의 경우, 9th, #11th, 13th다. 하지만 드물게는 그밖의 텐션이 사용되는 경우도 있다.

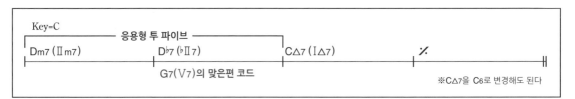

Key=C

응용형 투 파이브

Dm7 (IIm7)   D♭7 (♭II7)   C△7 (I△7)   ∕.

G7(V7)의 맞은편 코드

※C△7을 C6로 변경해도 된다

프레이징 포인트

D♭7(♭II7)은 G7(V7)의 '맞은편 코드'다. 이 맞은편 코드를 대략적으로 표현하면 '7th코드 대신에 사용할 수 있는 코드'다. 원래의 7th코드를 증4도(6프렛 차이) 이동시키면 맞은편 코드가 된다. 특히 보사노바에서는 투 파이브의 저음 라인을 매끄럽게 진행시킬 목적으로 맞은편 코드를 많이 사용한다. 오른쪽 그림은 사용빈도가 높은 D♭7(#11)과 D♭7(9)의 운지 폼과 원래의 G7(#11)과 G7(#11, ♭13) 구성음을 표시한 것이다. 이것들도 '딴이름 같은 폼'의 코드 관계라 할 수 있다.

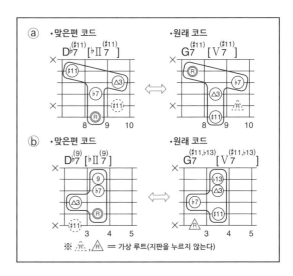

ⓐ • 맞은편 코드   • 원래 코드

ⓑ • 맞은편 코드   • 원래 코드

※ R, R = 가상 루트(지판을 누르지 않는다)

IIm7-♭II7-I△7

톱 노트를 고정시킨 보사노바 어프로치　▶Track Number 59

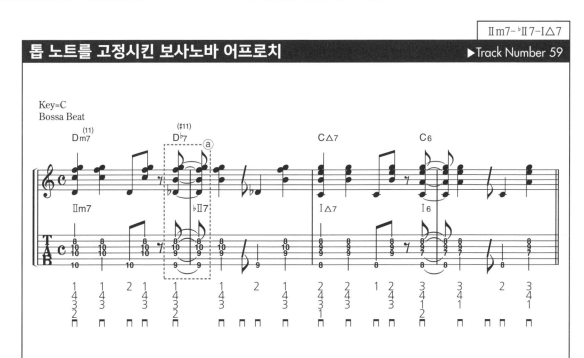

피크를 사용한 보사노바 백킹이다. 코드 및 저음의 단음은 모두 다운 스트로크로 플레이한다. 맞은편 코드인 D♭7(♯11)에서는 ⓐ의 지판 누르기 폼으로 매끄럽게 내려가는 느낌을 내고 있다. 톱 노트를 2번 줄 8프렛에 고정시키는 수법도 보사노바의 대표적인 어프로치다. 붙임줄로 연결된 어택 리듬에도 주목하자.

톱 노트와 루트음이 평행이동하는 어프로치　▶Track Number 60

코드의 5번 줄 루트음과 6번 줄 5th음을 오가는 '얼터네이트 베이스'를 함께 사용한 플레이다. 5번 줄과 6번 줄을 잘 구분해 연주하자. 피크로 연주하기 힘들면 핑거피킹으로 연주해도 된다. 맞은편 코드에서는 ⓑ의 지판을 누르는 폼으로 코드의 톱 노트와 루트를 평행으로 하강시키는 것이 포인트다.

83

난이도　★★★☆☆

Dm7-D♭7-C△7

SOLO

목표

맞은편 코드 D♭7(♭II7)로 적절히 스케일을 연주하자

솔직히 이 진행에서는 맞은편 코드를 원래 코드인 G7(V7)으로 되돌려서 일반적인 투 파이브=Dm7-G7(IIm7-V7)에 대응하는 스케일 어프로치로 연주해도 문제가 없다. 다만 이렇게 연주하면 프레이즈에서 D♭7(♭II7)이 가진 하모니를 느낄 수 없게 되어버린다. 때로는 하모니를 느낄 수 없는 것도 괜찮지만 역시 재즈 솔로 프레이즈에는 코드 느낌이 있어야 좋다. 따라서 여기서는 '맞은편'을 느끼게 하는 어프로치 포인트 몇 가지를 소개한다.

⬜코드 진행 분석

D♭7(♭II7)은 G7(V7)의 '맞은편 코드'다. D♭7에 대응하는 스케일은 D♭믹솔리디안이어도 되지만 G7의 루트음이 구성음에 포함된 'D♭리디안7th'를 사용하면 더욱 자연스러워진다. 루트음이 D음→D♭음으로 하강하는 것에 맞추어 D♭도리안을 사용해도 된다.

C△7(I△7)에는 C리디안을 사용할 수 있다. 이 경우 #11th음(Key=C의 경우 F#음)이 프레이즈에 독특한 붕 뜨는 느낌을 준다. 다만 너무 많이 사용하면 원래의 키와는 다른 느낌이 되어버린다.

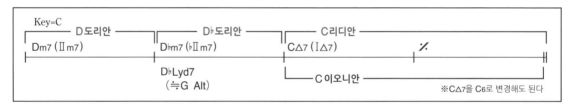

⬜프레이징 포인트

D♭7(♭II7)에 대한 가장 간편한 어프로치는 D♭도리안(ⓐ)을 사용하는 것이다. 다음 페이지 위쪽 악보처럼 바로 앞 D도리안 프레이즈의 반음 아래에서 연주하면 간단하고 좋다.

정통적인 방식으로 한다면 역시 D♭리디안7th다. D♭7에서 D♭리디안7th를 사용하는 것은 달리 보면 원래 코드인 G7(V7)에서 G얼터드를 사용하는 것과 같다. 즉 시작되는 음이 다를 뿐 구성음은 'D♭리디안7th=G얼터드'인 것이다.

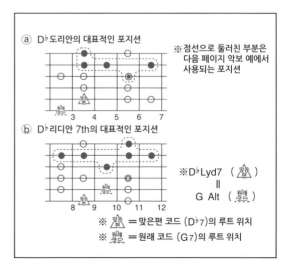

D♭7에 D♭도리안을 사용한 예 ▶Track Number 61

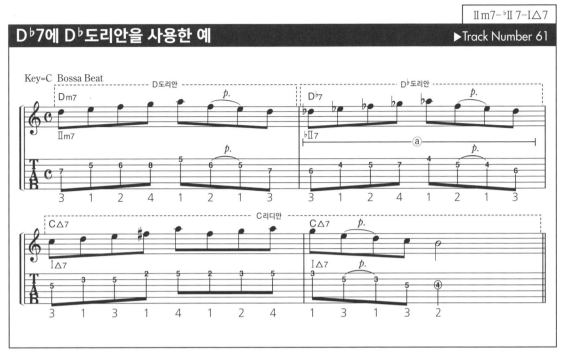

2마디째 D♭7에서 D♭도리안을 사용했다. 1마디째 프레이즈에서 반음 내린 것이다. '7th코드에 도리안을?'이라며 이상하게 생각할 수도 있지만 코드가 내려가는 느낌에 맞으므로 문제없다. 3~4마디째에는 C리디안을 사용했다. 1번 줄 2프렛의 F#음(=#11th)이 양념 역할을 한다.

D♭7에 D♭리디안7th를 사용한 예 ▶Track Number 62

코드 진행에 맞추어 D♭7에 D♭리디안7th를 사용한 예이다. 원래 코드인 G7에서 G얼터드를 사용한 것이라고도 할 수 있다. 이것들은 루트 위치가 다를 뿐 사실은 같은 구성음의 음계이다. 3마디째 마지막음~4마디째 시작부분 음에서 1번 손가락이 연속해서 지판을 누른다. 조인트를 하지 말고 신속한 줄이동으로 대처하자. 재즈에서 많이 볼 수 있는 운지다.

난이도 ★★★★☆

BACKING

Dm7-G7-C△7-Bm7(♭5)-E7-Am6

목표

2음 페어로 '필인'을 넣은 백킹을 연주해보자

모두 '코드'로 백킹을 연주하면 아무래도 전체적으로 변화가 부족한 느낌이 된다. 그렇다면 코드 플레이 안에 2음을 조합해서 만드는 '필인'을 넣어보자. 이렇게 하면 프레이즈에 약동감을 줄 수 있다. 앞에서 소개한 '코드를 어긋나게' 하는 어프로치를 응용하면 비교적 간단하게 어레인지를 할 수 있을 것이다.

백킹뿐만 아니라 코드 솔로에도 응용할 수 있는 테크닉이므로 반드시 마스터하자.

🔲 코드 진행 분석

스탠더드곡 '고엽(Autumn Leaves)'의 진행과 비슷해서 '고엽(Autumn Leaves)진행'이라 불리는 코드 진행이다. 1마디째는 친숙한 메이저형 투 파이브다.

후반 3~4마디째 진행은 Ⅶm(♭5)-Ⅲ7-Ⅵm6의 표기에 헷갈리지 않도록 하자. Bm7(♭5)-E7-Am6를 연주해보면

알 수 있듯이, 이 부분에는Key=Am의 마이너형 투 파이브 진행이 들어있다고 볼 수 있다. 재즈에서는 이렇듯 숨겨진 투 파이브를 찾아내는 것도 중요한 과정이다.

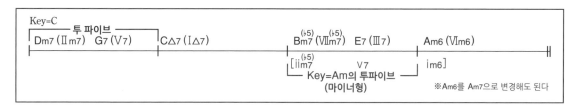

🔲 프레이징 포인트

'필인'을 넣는 방법은 다양하다. 우선은 74페이지에서 소개한 '코드를 어긋나게' 하는 어프로치를 응용해보자. 요령은 간단하다. 코드의 운지 포지션 중 일부를 반음 위 또는 아래로 이동시키고, 그 음을 원래 코드 포지션으로 되돌리는 것이다. 다음 페이지 악보 예처럼 7th 코드의 경우, △3rd와 ♭7th의 두 음을 어긋나게 하면 멋지다(ⓐ~ⓑ).

코드 사운드와의 밸런스를 생각했을 때 '필인'은 일반적으로 3&4번 줄 또는 4&5번 줄에서 연주한다.

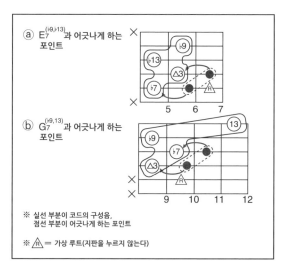

ⓐ E7(♯9,♭13)과 어긋나게 하는 포인트

ⓑ G7(♯9,13)과 어긋나게 하는 포인트

※ 실선 부분이 코드의 구성음, 점선 부분이 어긋나게 하는 포인트

※ ⓡ = 가상 루트(지판을 누르지 않는다)

IIm7-V7-IΔ7-VIIm7(♭5)-III7-VIm6

정통적인 '필인'이 들어간 백킹　　　　　　　　　　▶Track Number 63

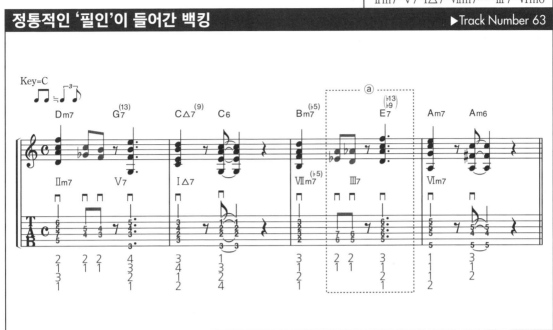

붉은색으로 표시된 '필인' 부분은 지판을 누르는 동시에 아래쪽(고음쪽)의 불필요한 줄을 뮤트해서 함께 피킹한다. 이렇게 하면 음압도 커지고 리듬미컬하게 들린다. 1마디째의 '필인'은 코드와 운지가 다르다.

코드 솔로 스타일 '필인'이 들어간 백킹　　　　　　　▶Track Number 64

루트음을 생략한 코드 폼에 '필인'을 함께 사용한 코드 솔로에도 이용할 수 있는 프레이즈다. 비교를 위해 앞의 악보 예와 완전히 같은 리듬으로 연주해보았다. '필인'과의 음정차이에 의해 각 코드의 톱 노트가 강조되는 점에도 주목하자. 3마디째는 하모니 흐름을 고려해 '필인'의 톱 노트를 3번 줄 7프렛으로 조정했다.

난이도 ★★★★★

SOLO

Dm7-G7-C△7-Bm7$^{(♭5)}$-E7-Am6

목표

2음 페어 프레이즈로 재지하게 솔로를 연주하자

기타를 마치 건반악기처럼 연주하는 코드 솔로는 재즈 기타를 연주하는 사람이라면 누구나 꿈꾸는 테크닉이다. 이것은 하루아침에 마스터할 수 있는 것이 아니다. 우선은 가장 구성음이 적은 2음 솔로부터 시작해보자.

여기서 다루는 '고엽 진행'은 메이저와 마이너 두 타입의 투 파이브를 모두 연주할 수 있으므로 연습에도 좋다.

☐코드 진행 분석

이 진행은 1마디째가 메이저형, 3마디째가 마이너형의 '투 파이브'로 구성되어있다. 당연히 스케일도 이에 대응하는 것을 사용한다. 아래의 그림에서 확인해보기 바란다.

실제 플레이에서는 후반의 마이너형 투 파이브와 4마디째를 A마이너 펜타토닉(♭5th 추가)으로 연주하는 경우도 많다. 이 경우는 적절한 프레이즈 느낌이 더해져 재즈 분위기를 연출할 수 있다. 메이저→마이너로의 하모니 느낌 이동이 중요하다.

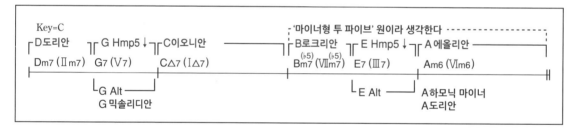

☐프레이징 포인트

2음 프레이즈를 스케일을 따라 플레이하기란 기타로는 어려운 일이다. 우선은 고음 쪽에서 스케일을 따라가고, 저음 쪽은 운지하기 좋은 음으로 어느 정도 어레인지를 해보자. 이때 같은 폼의 이동패턴으로 연주하면 플레이하기가 수월해질 것이다(ⓐ). 또는 코드를 2음으로 구성된 분산화음으로 나누고 이것을 프레이즈로 이용하는 것도 좋다(ⓑ). 애드리브에 응용하기 위해서는 다음 페이지 악보 예와 같은 프레이즈 패턴을 릭으로 미리 마스터해두는 것이 필수적이다.

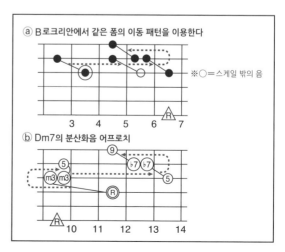

ⓐ B로크리안에서 같은 폼의 이동 패턴을 이용한다

※○=스케일 밖의 음

ⓑ Dm7의 분산화음 어프로치

Ⅱm7–V7–Ⅰ△7–Ⅶm7⁽♭5⁾–Ⅲ7–Ⅵm6

같은 폼 이동 패턴을 이용한 2음 프레이징　▶Track Number 65

모두 많이 사용되는 2음 어프로치 예다. 대부분의 운지 폼이 같은 형태로 이동하고 있다는 점에 주목해보자. 나머지는 얼마나 콤팩트하고 신속하게 운지 변경을 할 수 있느냐가 포인트다. 처음에는 느린 템포에서 부분적으로 연습을 하고, 점차 템포를 올려가면서 운지를 정확히 익히자.

분산화음을 이용한 2음 프레이징　▶Track Number 66

시작부분 프레이즈는 Dm7⁽⁹⁾코드를 2음씩 묶어 분산화음 느낌으로 플레이한 것이다. 이처럼 텐션 코드에서 프레이즈를 이끌어내는 것도 효과적이다. 후반 E7에서는 포지션 도약이 어렵다. 2음 프레이즈는 모두 다운 피킹으로 연주하므로 슬라이드로 이동을 하면 연주가 쉬워진다.

난이도 ★★★☆☆

BACKING

C△7-E♭dim-Dm7-G7

목표

보사노바 스타일의 핑거피킹으로 연주해보자

보사노바를 더욱 보사노바답게 연주하고 싶다면 핑거피킹을 해보자. 보사노바는 일반적으로 피크를 사용하지 않고 핑거피킹을 한다. 핑거피킹으로 연주하면 피크 스트로크로는 느껴지지 않는 부드러운 사운드가 나서 보사노바의 분위기를 잘 살려준다.

보사노바 특유의 백킹 패턴을 핑거피킹으로 연주하면서 dim코드에 대해서도 배워보자.

코드 진행 분석

2마디째 'dim'은 디미니시 코드(앞으로 'dim코드'라고 표기한다)다. 단3도(3프렛 차이) 음정이 4개 쌓여서 구성되는 코드로 사운드는 '안정되고 싶다!'는 성격을 가진 울림이다.

dim코드에 사용할 수 있는 텐션음은 구성음의 온음(2프렛) 위의 음이다. 다만 이것들을 이용할 때에는 앞뒤 코드 흐름에 주의해야 한다. 함부로 사용하면 dim코드로 느껴지지 않는 울림이 되어버린다.

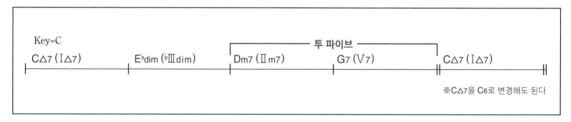

프레이징 포인트

보사노바 백킹의 기본적인 리듬 패턴 두 가지를 소개하겠다. 기본 중의 기본이라 할 수 있는 ⓐ는 엄지손가락으로 연주하는 보텀음이 항상 2분음 리듬을 유지하도록 하는 것이 중요하다. ⓑ는 붙임줄로 연결된 어택 부분에서 리듬이 흐트러지지 않아야 한다. 이 부분은 기타가 없어도 연습할 수 있다.

핑거피킹은 엄지손가락 제1관절을 구부리지 않고 엄지손가락 전체를 움직이는 것이 중요하다. 오른손 1번 손가락~3번 손가락 피킹은 '손톱: 50%, 살: 50%'의 느낌으로 한다.

●보사노바 리듬의 기본 형태

ⓐ보텀음이 2분음인 정통적인 형태

1~3번 손가락
엄지손가락

ⓑ '어택'이 있는 발전형

1~3번 손가락
엄지손가락

※'1~3번 손가락'은 오른손 1번 손가락부터 3번 손가락이, '엄지손가락'은 오른손 엄지손가락이 리듬을 담당한다.

$I\triangle 7 - {}^{\flat}III\,dim - IIm7 - V7$

보텀음이 항상 2분음인 정통적인 리듬　　▶Track Number 67

엄지손가락으로 피킹하는 6번 줄을 2분음 리듬으로 유지시키는 것이 포인트다. 4마디째에서는 코드의 5th음(6번 줄 10f)을 이용해 보사노바다운 매끄러운 저음 라인을 만들어냈다. 어쿠스틱 기타(가능하면 거트줄)를 사용하면 더욱 본격적인 보사노바 분위기를 낼 수 있다.

'어택'이 있는 발전형 리듬 연주　　▶Track Number 68

1마디와 2마디 사이, 3마디와 4마디 사이에 어택이 있는 리듬 패턴이다. 엄지손가락 피킹으로 연주하는 보텀음은 루트와 5th음을 오가는 '얼터드 베이스'로 플레이했다. 2마디 3~4박째 운지는 1번 손가락 바레를 사용하는 점이 포인트다. 4마디 3~4박째 운지의 폼 체인지에도 주의하자.

난이도 ★★★☆☆

SOLO

C△7-E♭dim-Dm7-G7

목표 보사노바에 필수적인 디미니시 스케일을 익히자!

dim코드에 대응하는 기본적인 스케일은 당연히 디미니시 스케일이다. 특히 dim코드가 많이 나오는 보사노바 계열 진행에서는 솔로에서 필수적인 스케일 중 하나다. 이 스케일음을 순서대로 연주해보면 별다른 특성이 없어 당황할 수 있다. 하지만 하모니와 앞뒤 코드의 흐름 안에서 사용해보면 존재의 의미를 알 수 있을 것이다.

여기서는 디미니시 스케일의 구조와 간단한 프레이즈 만들기를 소개한다.

📖 코드 진행 분석

1마디째와 3~4마디째 코드는 지금까지 반복 등장했으므로 따로 해설하지 않겠다. 문제는 2마디째 E♭dim (♭Ⅲdim)다. 이 코드에 대응하는 것이 E♭디미니시 스케일로, 루트음을 기점으로 '온음, 반음'을 교대로 반복한다(이 페이지 아래 그림을 참조). 때문에 스케일의 구성음은 E♭디미니시=F♯디미니시=A디미니시=C디미니시가 된다. 그리고 E♭dim코드도 E♭dim=F♯dim=Adim=Cdim(♭Ⅲdim=♯Ⅳdim=Ⅵdim=Ⅰdim)가 되며, 이것들은 서로 교체해서 사용할 수 있다.

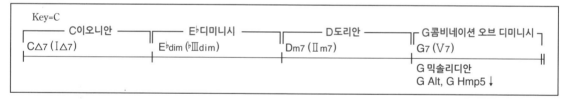

Key=C

C이오니안	E♭디미니시	D도리안	G콤비네이션 오브 디미니시
C△7 (Ⅰ△7)	E♭dim (♭Ⅲdim)	Dm7 (Ⅱm7)	G7 (Ⅴ7)
			G 믹솔리디안 G Alt, G Hmp5↓

📖 프레이징 포인트

디미니시 스케일을 간편하게 플레이하고 싶다면 코드 톤만으로 연주해도 된다. 코드 톤의 배열은 오른쪽 그림처럼 루트음에서 3프렛 간격으로 반복한다. 우선 ⓐ~ⓑ에 있는 디미니시 스케일의 코드 톤 위치를 익히자.

물론 스케일 위주로 어프로치해도 된다. 그때에는 다른 스케일과 마찬가지로 코드 톤을 의식하면서 플레이하는 것이 중요하다. 그리고 프레이즈의 시작음과 마지막음이 앞뒤 프레이즈와 무리 없이 연결되도록 하자.

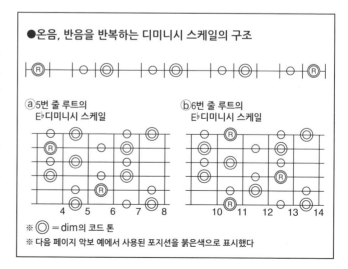

●온음, 반음을 반복하는 디미니시 스케일의 구조

ⓐ5번 줄 루트의
E♭디미니시 스케일

ⓑ6번 줄 루트의
E♭디미니시 스케일

※ ◎ = dim의 코드 톤
※ 다음 페이지 악보 예에서 사용된 포지션을 붉은색으로 표시했다

I△7-♭Ⅲdim-Ⅱm7-V7

디미니시 스케일의 코드 톤을 사용한 예　▶Track Number 69

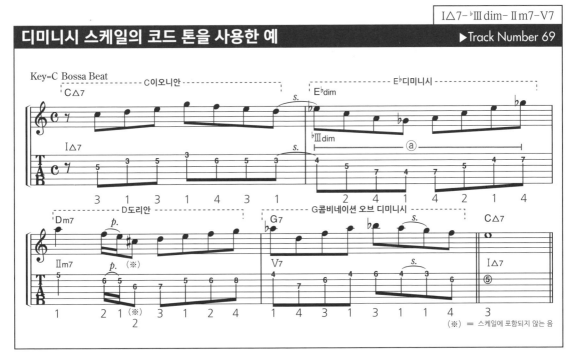

2마디째는 E♭dim 코드 톤 아르페지오다. 앞마디 마지막음에서 슬라이드로 매끄럽게 연결된 것이 포인트다. 3마디째 시작음(1번 줄 5프렛: A음)은 E♭디미니시 스케일과 공통음이 되도록 어프로치를 했다. 이처럼 디미니시 스케일 프레이즈에서는 앞뒤와의 연계에 신경을 써야 한다.

E♭dim에서의 스케일 중심 플레이　▶Track Number 70

스케일 중심의 연주에서도 코드 톤은 중요하다. 2마디째 디미니시 스케일 프레이즈에서는 코드 톤으로 연주를 시작하고 그 후에도 각 박자의 시작에 코드 톤이 오도록 연주하고 있다. 참고로 위의 악보 예도 4마디째에 콤비네이션 오브 디미니시를 사용했다. 디미니시 스케일과 비슷하므로 혼동하지 않도록 하자.

난이도 ★★★☆☆

BACKING

C△7-C#dim-Dm7-G7

목표 | ## dim코드의 대표적인 포지션 체인지

여기서는 dim코드의 음 구조를 응용한 어레 인지 테크닉을 소개한다. dim코드는 단순한 코드 기능 이외에 포지션 체인지를 하는 어레 인지에도 이용할 수 있다. 포지션이 바뀌면 그 이후 진행에서의 코드 폼도 달라지므로 일상 적인 백킹이 되는 것을 막아준다.

고음줄 위주의 코드라면 필인 어프로치로 이용할 수 있다. 다양한 이점이 있는 어레인지 이므로 반드시 마스터하자.

☐코드 진행 분석

2마디째 C#dim(#Idim)에는 두 가지 해석이 가능하다. 하나는 C△7-Dm7(I△7-IIm7) 사이에 C#dim를 삽입 해 루트음을 반음으로 진행시킨다는 해석이다. 일종의 '경과음(96페이지)의 코드판'이라고 할 수 있다. 이 경 우 C#dim와 구성음이 같은 Edim, Gdim, B♭dim(Ⅲdim,

Vdim, ♭Ⅶdim)로 바꾸어 플레이해도 된다.

또 한 가지는 A7(Ⅵ7)의 대리 코드(바꾸어 사용할 수 있는 코드)라는 해석이다. A7^(♭9)의 루트음을 생략하면 C#dim와 같은 구성음이 된다.

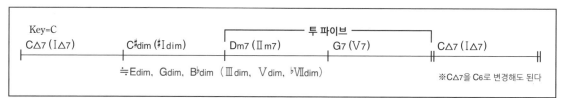

Key=C

C△7 (I△7)　　　　　C#dim (#Idim)　　　　　┌──────── 투 파이브 ────────┐

　　　　　　　　　　　　　　　　　　　　　Dm7 (Ⅱm7)　　　G7 (V7)　　　　C△7 (I△7)

　　　　　　≒Edim, Gdim, B♭dim （Ⅲdim, Vdim, ♭Ⅶdim）　　　　　※C△7을 C6로 변경해도 된다

☐프레이징 포인트

dim코드는 코드 톤이 균등하게 3프렛 간격으로 구성 되기 때문에 3프렛 단위로 이동해도 구성음의 순서만 바뀔 뿐 구성음은 같다(오른쪽 그림). 이 성질을 이용 하면 같은 폼을 유지한 채로 3프렛 위아래로 포지션을 이동시킬 수 있다. 다음 페이지 위쪽 악보 예에서는 시 작부분의 C△7이 5번 줄 3프렛의 로우 포지션을 루트 로 하고 있지만, dim코드의 상행을 이용한 결과 마지 막 마디 C△7에서는 6번 줄 8프렛의 하이 포지션이 루 트가 되었다. 다음 페이지 아래 악보 예처럼 고음줄 중 심의 코드 플레이에 이용하면 백킹에 '필인' 같은 요소 가 더해진다.

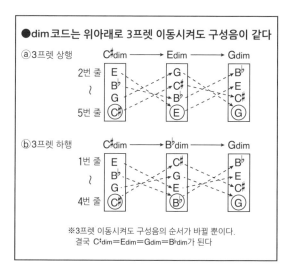

● dim코드는 위아래로 3프렛 이동시켜도 구성음이 같다

ⓐ3프렛 상행　　C#dim ⟶ Edim ⟶ Gdim

2번 줄 E / B♭ / G / C#　→　G / C# / B♭ / E　→　B♭ / E / C# / G
5번 줄

ⓑ3프렛 하행　　C#dim ⟶ B♭dim ⟶ Gdim

1번 줄 E / B♭ / G / C#　→　C# / G / E / B♭　→　B♭ / E / C# / G
4번 줄

※3프렛 이동시켜도 구성음의 순서가 바뀔 뿐이다. 결국 C#dim＝Edim＝Gdim＝B♭dim가 된다

I△7-♯Idim-Ⅱm7-V7

dim폼을 3프렛씩 상행시킨 악보 예　▶Track Number 71

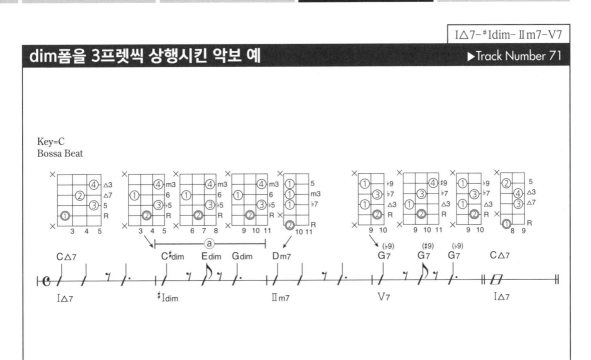

톱 노트 흐름이 멜로디어스한 보사노바 백킹이다. 2마디째는 재즈, 보사노바에서 자주 이용되는 2~5번 줄을 누르는 디미니시 코드의 3프렛 상행 패턴이다. 코드 네임이 순차적으로 바뀌지만 이것들은 모두 같은 구성음이다. 앞 페이지 ⓐ와 비교해서 보자.

dim폼을 3프렛씩 하행시킨 악보 예　▶Track Number 72

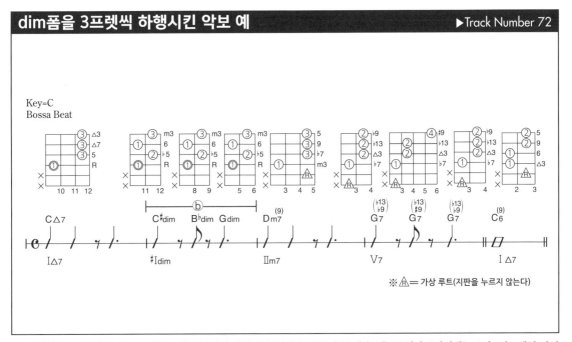

1~4번 줄을 누르는 폼의 dim코드를 3프렛 하강시킨 패턴이다. 약간은 코드 솔로 같은 어프로다. 2마디째는 소울, 팝스에서 많이 나오는 프레이즈다. 1&3마디째는 같은 폼이지만, 이것은 '딴이름 같은 폼'의 다른 코드다. 루트 포지션이 다른 점에 주목하자.

난이도　★★★☆☆

SOLO

C△7-C#dim-Dm7-G7

목표   스케일 바깥의 음으로 가는 반음 연속 연주

재즈 느낌의 솔로 프레이즈에는 '경과음'을 이용한 어프로치도 필요하다. '경과음'이란 스케일 이외의 음에 잠시 들렸다 가는 것이다.

이 '경과음'을 넣어서 반음 연속하는 부분을 만들어 프레이즈에 매끄러움을 더할 수 있다. 기본적으로 초킹을 사용하지 않는 재즈 솔로에서는 '경과음'을 넣어서 반음을 연속시키는 프레이즈 테크닉이 중요하다. 여기서는 그 대표적인 어레인지에 대해서 살펴본다.

코드 진행 분석

별 생각 없이 스케일 밖의 음을 사용한다면 아무렇게나 연주한 것처럼 들린다. 경과음은 반음을 연속시켜서 사용하는 것이 포인트다. 이렇게 해야 매끄럽게 진행되는 느낌을 연출할 수 있다. 오른쪽 그림은 D도리안에 경과음을 넣은 예다. 스케일 바깥의 음을 사용하기 때문에 경우에 따라서는 프레이즈에 약간의 긴장감

을 줄 수도 있다.

참고로 다음 페이지 위아래의 악보 예는 3마디째의 도리안이 다음 마디까지 이어진다. 이러한 프레이징도 재즈에서는 많이 볼 수 있다. 약간 멈췄다 가는 듯한 느낌을 줄 수 있다.

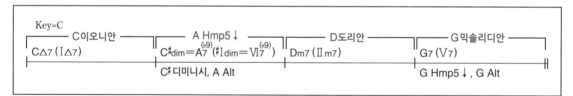

```
Key=C
├──── C이오니안 ────┤├──── A Hmp5↓ ────┤├──── D도리안 ────┤├──── G믹솔리디안 ────┤
C△7 (Ⅰ△7)           C#dim＝A7(♭9)(#Ⅰdim＝Ⅵ7(♭9))  Dm7 (Ⅱm7)          G7 (Ⅴ7)
                    C# 디미니시, A Alt                              G Hmp5↓, G Alt
```

프레이징 포인트

적당히 스케일 바깥의 음을 사용하면 엉망으로 연주하는 것처럼 들린다. 경과음은 반음을 연속적으로 사용하는 것이 포인트다. 이렇게 하면 매끄럽게 이행되는 느낌을 연출할 수 있다. 오른쪽 그림은 D도리안에 경과음을 삽입한 예다. 스케일 바깥의 음을 사용하기 때문에 경우에 따라서는 프레이즈에 어느 정도 긴장감을 줄 수 있다.

다음 페이지 위아래의 악보 예는 3마디째의 도리안이 다음 마디에 깊숙히 들어가 있다. 이러한 프레이징도 재즈에서 많이 볼 수 있으며, 약간 보류시키는 느낌을 줄 수 있다.

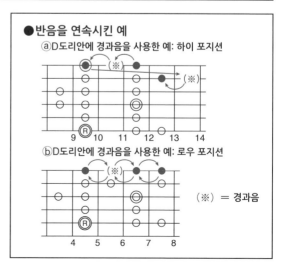

●반음을 연속시킨 예
ⓐD도리안에 경과음을 사용한 예: 하이 포지션
ⓑD도리안에 경과음을 사용한 예: 로우 포지션
(※) = 경과음

I△7-#Idim-IIm7-V7

'경과음'이 들어간 반음 프레이즈: 하이 포지션　　▶Track Number 73

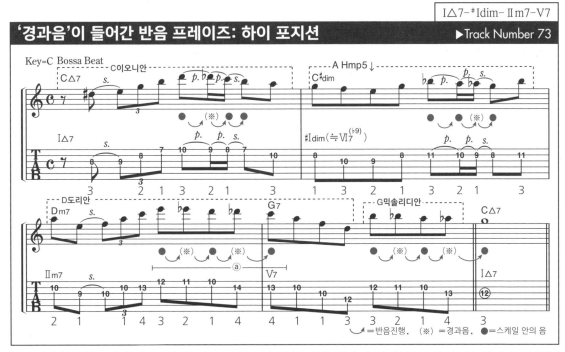

3~4마디째에서 반음 프레이즈인 2번 줄 14프렛→13프렛은 4번 손가락 슬라이드에 피킹을 올리는 느낌으로 연주한다. 4마디째 2박 뒤~3박 앞의 다른 줄 같은 프렛은 조인트가 아닌 3번 손가락을 신속하게 움직여서 대처한다. '경과음' 부분에서 풀링, 슬라이드를 함께 사용하면 상당히 빠르게 연주할 수 있지만 리듬이 흐트러지지는 않아야 한다.

'경과음'이 들어간 반음 프레이즈: 로우 포지션　　▶Track Number 74

1~2마디째는 1번 줄 7프렛의 B음~2번 줄 5프렛의 E음까지를 반음 하강으로 연결시켰다. 상당히 스릴이 넘친다. 3마디째 반음 프레이즈는 상행&하행을 연속으로 사용한 대표적인 프레이즈다. 다른 스케일에서도 이러한 운지가 많이 사용된다. 해머링&풀링으로 명확하게 연주하면서 셋잇단음 리듬이 흐트러지지 않도록 해야 한다.

난이도 ★★☆☆☆

BACKING

C△7-C#dim-Dm7-E♭dim-Em7-A7-Dm7-G7

목표 '경과형&대치형 디미니시'를 마스터하자

이곳의 코드 진행은 지금까지 소개한 내용의 총정리라 할 수 있는 패턴이다. 이 진행을 이용해서 dim코드 이용법을 더욱 깊이 익히자.

여기서는 코드의 루트를 반음으로 진행시키는 '경과형 디미니시' 그리고 A7이나 G7 대신에 dim코드를 사용하는 '대치형 디미니시',

이렇게 두 종류에 대해서 살펴본다.

재즈의 다채로운 코드 워크에서는 다른 코드로 원활히 바꾸는 작업이 필수적이다. 완벽하게 이해하자.

☐코드 진행 분석

1마디째 C#dim(#I dim)는 94페이지에서 언급한 것처럼 A7(VI7)과 바꿔서 사용할 수 있는 대리 코드다. 이 관계를 응용해서 3마디째 A7을 C#dim=Edim=Gdim=B♭dim로 바꿀 수 있다. 2마디째 E♭dim(♭III dim)는 Dm7(IIm7)과 Em7(IIIm7) 사이를 반음으로 중개하는 '경과형

디미니시'다. 4마디째 G7(V7)을 G7(♭9)으로 보고 Ddim(II dim)=Fdim=A♭dim=Bdim를 대신 사용할 수 있다. 이 코드들을 사용할 때에는 보텀음이 베이스 파트를 방해하지 않도록 해야 한다.

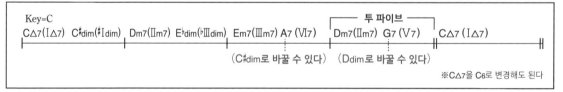

Key=C

C△7(I△7)　C#dim(#Idim)　Dm7(IIm7)　E♭dim(♭IIIdim)　Em7(IIIm7) A7 (VI7)　┌─── 투 파이브 ───┐ Dm7(IIm7) G7 (V7)　C△7 (I△7)

（C#dim로 바꿀 수 있다）（Ddim로 바꿀 수 있다）

※C△7을 C6로 변경해도 된다

☐프레이징 포인트

dim코드 사용 패턴 두 가지를 표로 정리해보았다. 우선 '경과형 디미니시'라고 할 수 있는 ⓐ패턴. 각 코드의 루트음이 반음으로 매끄럽게 연결되어있는 점에 주목하자. 코드 진행에서는 1~2마디째 C#dim와 E♭dim다. ⓑ는 3~4마디째의 A7&G7을 A7(♭9), G7(♭9)이라고 생각하고 그것들을 dim코드로 변경시킨 '대치형 디미니시'를 표로 만든 것이다. A7(♭9)의 루트음을 생략하면 C#dim=Edim=Gdim=B♭dim, G7(♭9)의 루트음을 생략하면 Ddim=Fdim=A♭dim=Bdim와 같은 구성음이 된다. 참고로 악보집에서는 dim코드로 바꾼 표기를 하지 않는 것이 일반적이다.

ⓐ경과형 디미니시

온음 간격 진행에 dim를 끼운다

C△7 →	C#dim →	Dm7
Dm7 →	E♭dim →	Em7
F△7 →	F#dim →	G7
G7 →	A♭dim →	Am7

※아래 2개의 진행은 여기서는 다루지 않지만 참고로 알아두자.

ⓑ대치형 디미니시

서로 대리 가능		
A7 (♭9)	C#dim Gdim	Edim B♭dim
G7 (♭9)	Ddim A♭dim	Fdim Bdim

※붉은색으로 표시한 dim코드는 다음 페이지 악보 예에 사용된 것이다

I△7-♯Idim-Ⅱm7-♭Ⅲdim-Ⅲm7-Ⅵ7-Ⅱm7-V7

보텀음 6번 줄이 반음 상행→온음 하강하는 어프로치 ▶Track Number 75

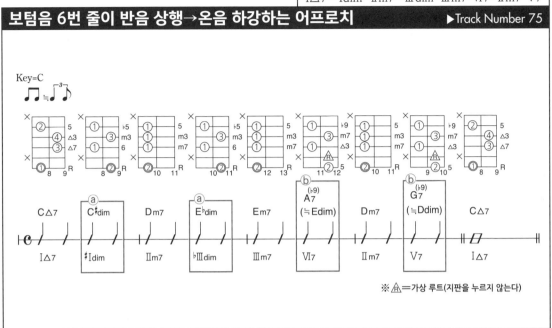

6번 줄 보텀음이 전반부에서 반음 상행, 후반부에서 온음 하강하는 어프로치다. '대치형 디미니시'는 실제 코드 진행에서 플레이하면서 확인하는 것이 가장 좋다. 예를 들어 Edim와 A7이 대치가 가능한 대리관계라는 것은 Edim와 5th를 보텀음으로 하는 A7^(♭9) 코드가 같은 폼이라는 것으로 납득할 수 있다.

5번 줄 보텀에서 코드 플레이 ▶Track Number 76

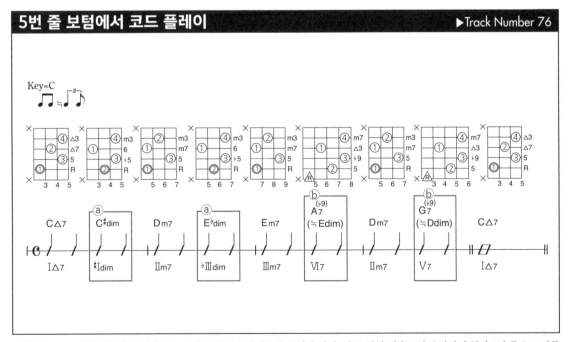

원활하게 코드 체인지를 하기 위해서는 운지 폼의 공통성에도 주목해야 한다. 악보 예의 경우, 3번 손가락이 항상 4번 줄 누르기를 담당하고 있다. 이 점을 의식하면 더욱 작은 움직임으로 코드 체인지를 할 수 있다. 3~4마디의 A7^(♭9)과 G7^(♭9)은 dim코드와 운지 폼이 같으므로 가상 루트의 위치를 확인해야 한다.

난이도 ★★★★☆

SOLO

C△7-C#dim-Dm7-E♭dim-Em7-A7-Dm7-G7

목표 A7에서 C#dim 아르페지오 라인을 사용한다

대치가 가능한 코드 관계를 이용하면 다른 코드 위에서 완전히 동일한 솔로 프레이즈를 연주할 수 있다. 특히 여기서 소개하는 7th코드와 dim코드로는 쉽게 공통 프레이즈를 만들 수 있다.

구체적으로는 1마디째 C#dim와 3마디째

A7에서 같은 프레이즈를 연주할 수 있다. 코드가 2박마다 바뀌는 이 코드 진행처럼 스케일 체인지가 많은 곡의 경우, 이것을 응용한 아르페지오 계열 프레이즈를 활용하면 플레이가 훨씬 쉬워진다.

🗂 코드 진행 분석

이 진행은 지금까지의 내용을 정리한 것이다. 따라서 일반적인 스케일 사용 예는 아래 그림을 보기 바란다. 그 외의 응용적인 사용법을 해설하겠다.

A7$^{(♭9)}$(V7$^{(♭9)}$)의 루트음을 생략하면 C#dim(#I dim)가 되므로 AHmp5↓나 A얼터드를 사용해도 좋다. 반대로

AHmp5↓를 사용하는 3마디째 A7(VI7)에서는 C#디미니시 스케일을 사용할 수 있다. 2마디째 E♭dim(♭IIIdim)는 D7$^{(♭9)}$(II7$^{(♭9)}$)의 루트 생략으로 보고 DHmp5↓를 사용해도 된다. 4마디째 G7(V7)은 D디미니시 스케일이어도 된다.

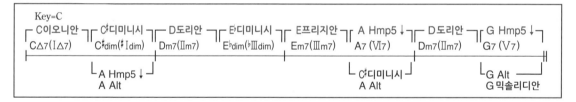

Key=C

┌ C이오니안 ┐┌ C#디미니시 ┐┌ D도리안 ┐┌ E♭디미니시 ┐┌ E프리지안 ┐┌ A Hmp5↓ ┐┌ D도리안 ┐┌ G Hmp5↓ ┐
C△7(I△7)   C#dim(#Idim) Dm7(IIm7)   E♭dim(♭IIIdim) Em7(IIIm7)   A7(VI7)   Dm7(IIm7)   G7(V7)

└ A Hmp5↓ ┘   └ C#디미니시 ┘   └ G Alt ┘
  A Alt   A Alt   G 믹솔리디안

🗂 프레이징 포인트

C#dim(#I dim)와 A7(VI7)은 서로 대치가 가능한 대리 관계다. 여기서는 이것을 응용해서 C#dim 아르페지오를 A7의 AHmp5↓로 연주하는 프레이즈 만들기를 해설하겠다. ⓐ는 C#dim의 코드 톤이다. 이것은 AHmp5↓(ⓑ)와 완전히 같은 포지션에 존재한다(붉은색으로 표시한 부분이 공통된 포지션). ⓒ&ⓓ는 위의 음을 다른 포지션에서 전개한 예다. 다음 페이지의 두 가지 악보 예에서 ⓐ&ⓑ, ⓒ&ⓓ로 표시한 부분이 각각 완전히 같은 프레이즈인 점을 확인하기 바란다.

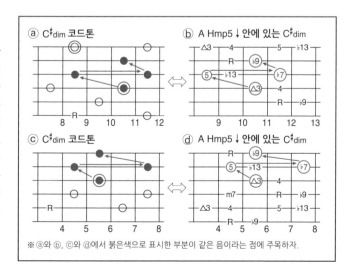

ⓐ C#dim 코드톤

ⓑ A Hmp5↓ 안에 있는 C#dim

ⓒ C#dim 코드톤

ⓓ A Hmp5↓ 안에 있는 C#dim

※ ⓐ와 ⓑ, ⓒ와 ⓓ에서 붉은색으로 표시한 부분이 같은 음이라는 점에 주목하자.

I△7−#Idim−Ⅱm7−♭Ⅲdim−Ⅲm7−Ⅵ7−Ⅱm7−Ⅴ7

비밥 스타일 엑서사이즈 프레이즈　▶Track Number 77

비밥에서 많이 사용되는 아르페지오 패턴을 연속으로 사용한 엑서사이즈 느낌의 프레이즈다. 반복해서 플레이하면 아르페지오 운지에 대한 '감'을 강화시킬 수 있다. 조인트 후에는 신속하게 일반적인 운지로 돌아간다. 피킹은 얼터네이트를 고집할 필요는 없다. 2&4마디째 연속 줄 이동은 스위프로 연주해도 된다.

위의 악보 예와 같은 프레이즈를 다른 포지션에서도 연주해보자　▶Track Number 78

위의 악보 예와 완전히 같은 프레이즈를 다른 포지션에서 플레이한 것이다. 이밖에도 다양한 포지션에서 플레이할 수 있으므로 프레이즈를 외웠다면 각자가 찾아보자. 하나의 프레이즈에 대해서 포지션과 운지의 베리에이션을 늘리는 것도 애드리브 능력 강화에 필수적인 요소다.

난이도　★★★★☆

BACKING

C△7-C7-F△7-F#dim-Em7-A7-Dm7-G7

목표 보텀(bottom)음을 베이스 라인 스타일로 플레이해보자

'4로 나누기(four on the floor)' 백킹은 코드 하모니와 리듬을 지탱하는 것뿐만 아니라 때로는 베이스 라인을 담당하기도 한다. 이 어프로치는 주로 스윙 계열에서 많이 사용되는 고전적인 백킹 스타일이다. 작은 편성의 밴드라도 저음부에 변화를 주기 위해 효과적인 수단이다.

여기서는 '4로 나누기' 백킹에서 보텀음에 움직임을 주는 플레이 스타일을 살펴본다. 마스터해서 스윙을 느껴보자.

코드 진행 분석

여기서 소개하는 진행은 앞에서 다룬 70페이지와 98페이지처럼 심플한 진행을 연결시키거나 변화시킨 것이라 볼 수 있다. 1마디째 C7(I7)은 F△7(IV△7)으로 원활하게 진행하기 위해 이용한 것으로 매끄러운 진행감이 느껴지는 4도(5프렛 거리) 진행이다. 달리 보면 C7-F△7은 Key=F의 Ⅴ7-I△7이라고 볼 수 있다. 2마디째 F#dim(#IVdim)는 F7(♭9)(IV7(♭9))의 대리 코드라고도 해석할 수 있다. 3~4마디째는 66페이지에서 소개한 '3, 6, 2, 5'다. 잘 확인해보자.

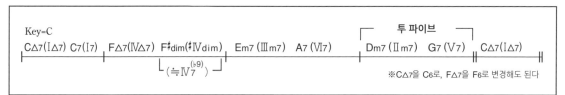

프레이징 포인트

이 진행에서의 보텀음 베이스 라인 프레이징 방법을 소개하겠다. 이해하기 다소 어려울 수 있으므로 다음 페이지 악보 예와 함께 보기 바란다.

1마디째는 코드 진행이 C△7-C7이다. 루트음이 C음이므로 C7의 보텀을 3rd인 E음으로 해서 움직임을 주었다.

2마디째는 코드 진행의 루트음을 따라서 연주한다.

3~5마디째는 코드 진행을 오른쪽 그림의 ①처럼 변화시키고, 각 박자에서 각각 루트음을 연주한다. 이 베이스 라인 움직임을 그림으로 나타낸 것이 ⓐ와 ⓑ다.

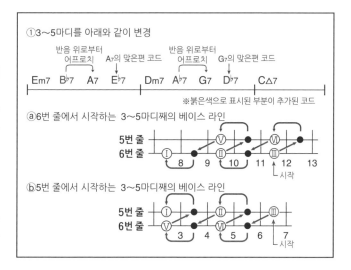

I△7-I7-IV△7-#IVdim-Ⅲm7-VI7-Ⅱm7-V7

3음 구성 코드에서의 플레이

▶Track Number 79

이 스타일의 경우는 보텀음이 자주 이동하므로 3음 구성의 코드로 플레이하는 경우가 많다. 이 악보 예는 Key=C다. 재즈에서는 이러한 포지션에서도 극단적인 하이 포지션은 사용하지 않는다. 그러므로 이 악보 예를 익힌 후에는 Key=F(1프렛 시작) 등으로도 연습해보자.

4음 구성 코드 안에 때때로 3음 구성음의 코드를 섞는다

▶Track Number 80

4음 구성 코드로 연주하는 경우에도 저음 라인이 자주 움직이는 부분에서는 3음 구성 코드를 섞어서 플레이한다. 5음 구성 코드는 사운드 밸런스가 좋지 않아서 사용하지 않는 경우가 많다. 2마디째 F△7이나 3마디째 Em7에서 1번 줄을 연주하면 5음 구성 코드가 되므로 주의하자.

난이도 ★★☆☆☆

SOLO

C△7-C7-F△7-F#dim-Em7-A7-Dm7-G7

목표 'C메이저 펜타토닉+α'로 연주하는 재즈 블루스 스타일

평소에 록, 블루스를 많이 연주하는 기타리스트가 재즈 블루스 스타일로 연주하려고 하면 마이너 펜타토닉 위주의 어프로치를 하게 되는 경우가 많다. 마이너 펜타토닉도 나쁘지 않지만 메이저 키 진행에서는 마이너 느낌이 너무 강하면 위화감이 생기는 경우도 있다. 여기서는 메이저 펜타토닉을 메인으로 펜타토닉에 대한 감성을 재즈에 맞게 만들어보겠다. 이 방법이라면 친숙한 펜타토닉으로 간단히 재즈 블루스를 연주할 수 있다.

☐ 코드 진행 분석

기본적으로 대응하는 스케일은 아래 그림과 같다. 간편하게 또는 재즈 블루스 스타일로 플레이하고 싶다면 이 코드 진행을 'C메이저 펜타토닉+α'로 연주하는 것이 좋다. 다만 이 경우에도 진행하면서 코드 톤을 어느 정도 의식할 필요가 있다.

참고로 아래 그림 이외의 어프로치로는 '1~2마디째 코드 진행을 C△7-F7(I△7-IV7)'으로 간략하게 생각할 수도 있다. 이때 C△7에는 C이오니안, F7에는 F믹솔리디안 또는 F리디안7th 스케일을 사용한다.

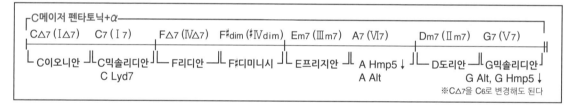

☐ 프레이징 포인트

여기서 다루는 '메이저 펜타토닉+α음'은 메이저 펜타토닉 스케일에 m3rd, 4th, ♭7th의 3음을 더한 것이다 (아래 그림). '믹솔리디안+m3rd'로 생각해도 된다. '혼합 펜타토닉(56페이지)'과 같은 구성음이지만 메이저 키의 일반적인 코드 진행에서는 메이저 펜타토닉을 강하게 의식하는 것이 중요하다. 블루스 느낌을 연출하는 ♭5th도 자주 사용되어, 이 음정을 포함한 음계를 재즈에서는 '블루스 메이저 스케일'이라고 하는 경우도 있다.

●메이저 펜타토닉+α의 대표적인 포지션

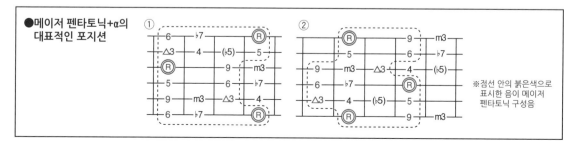

※점선 안의 붉은색으로 표시한 음이 메이저 펜타토닉 구성음

I△7−I7−IV△7−#IVdim−Ⅲm7−VI7−Ⅱm7−V7

'코드 톤'을 프레이즈에 사용한 예: 1 ▶Track Number 81

※붉은색으로 표시한 숫자는 코드의 도수다

코드의 구성음이 프레이즈에 있는 경우는 오선악보 아래에 붉은색으로 표시했다. 단일 스케일로 플레이할 때에는 코드 진행에 있는 '코드 톤'을 프레이즈에 적절히 배치하는 것이 중요하다. 참고로 이런 어프로치를 좋아하는 뮤지션으로는 케니 버렐, 허브 엘리스 등이 있으므로 이들의 연주는 반드시 들어보기 바란다.

'코드 톤'을 프레이즈에 사용한 예: 2 ▶Track Number 82

1마디 1~2박째 3번 줄 8프렛(E♭음)→9프렛(E음)은 코드의 'm3rd→△3rd'를 사용한 재즈 블루스에서는 대표적인 음 사용이다. 2마디째는 시작 부분에 F△7의 루트음을 사용해서 코드의 진행감을 강조시켰다. 2마디째 마지막 음(2번 줄 8프렛)→3마디째 시작음(3번 줄 8프렛) 지판 누르기에는 조인트를 사용하지 않는다.

난이도 ★★★☆☆

BACKING

E7-A7-D7-G7

목표 베이스 라인을 더한 컴핑에 도전해보자

재즈는 기타만으로 반주를 하는 경우도 있다. 이때 '4로 나누기'만으로는 단순한 패턴이 되기 쉽다. 그렇다고 베이시스트가 없는 상태에서 컴핑을 지속적으로 연주하기도 힘들다. 이런 경우에 '베이스 라인을 추가한 컴핑'이 도움이 된다. 어려워 보일 수 있는 테크닉이지만

포인트를 잘 파악하면 의외로 간단하다. 이 스타일의 연주를 녹음해두고 애드리브 반주용으로 사용하는 것도 좋은 연습이 된다.

코드 진행 분석

아래 그림 8~9마디째의 G7-C△7(V7-I△7)처럼 7th코드가 4도(5프렛 거리) 진행하는 것을 '도미넌트 모션'이라고 한다. 달리 보면 이 진행은 다양한 키로 'V7→ I7' 진행, 즉 도미넌트 모션을 반복하고 있다고 볼 수 있다(아래 그림에서 붉은색으로 표시한 부분 참조).

코드에는 다양한 텐션을 사용할 수 있으며, 가장 무난한 음이 9th와 13th다. 다만 G7에서는 C△7으로 진행하는 느낌을 매끄럽게 해주기 위해서 ♭9th, ♭13th를 사용할 수 있다.

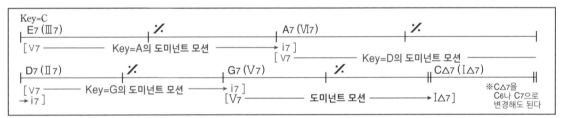

프레이징 포인트

베이스 라인을 더한 컴핑의 경우, 컴핑 부분에서 2음을 함께 연주한다. 코드 기능을 유지하기 위해 필요한 최소의 음은 3rd&7th의 2음이다. 7th코드의 경우 △3rd와 ♭7th가 있으면 된다. 베이스 라인은 대부분 스케일에서 나온다(이번 진행에서는 믹솔리디안: 오른쪽 그림). 처음에는 '3음 구성 코드'를 운지하는 포지션 부근에 있는 음으로 만드는 것이 좋다. 베이스 라인에는 스케일음 이외에 잠시 들렀다 가는 경과음을 반드시 사용해야 한다.

　피킹은 오른손 엄지손가락으로 베이스 라인, 오른손 1번, 2번 손가락으로 컴핑 부분을 플레이한다.

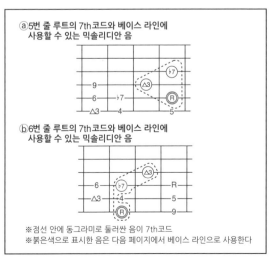

ⓐ5번 줄 루트의 7th코드와 베이스 라인에 사용할 수 있는 믹솔리디안 음

ⓑ6번 줄 루트의 7th코드와 베이스 라인에 사용할 수 있는 믹솔리디안 음

※점선 안에 동그라미로 둘러싼 음이 7th코드
※붉은색으로 표시한 음은 다음 페이지에서 베이스 라인으로 사용한다

III7-VI7-II7-V7

컴핑+베이스 라인 백킹

▶Track Number 83

(※) = 경과음

기본적으로 5~6번 줄이 베이스 라인을, 3~4번 줄이 컴핑을 담당한다. 컴핑 부분은 '3음 구성 코드'의 일부를 누른다고 생각하고 연주하면 그렇게 어렵지 않을 것이다. 베이스 라인 부분은 피크로, 컴핑 부분은 오른손 2번 손가락&3번 손가락 핑거피킹으로 연주해도 된다.

난이도 ★★★★☆

SOLO

E7-A7-D7-G7

목표

목적음을 사이에 두고, 스릴 넘치게 반음 프레이즈를 연주하자

경과음 이외에 스케일 바깥의 음을 이용하는 방법도 있다. 이것이 여기서 소개하는 목적음을 사이에 두는 어프로치다. 이것은 50년대 비밥에 많이 사용되었으며 지금도 베이식한 수법으로 널리 이용되고 있다. 스케일 바깥의 음을 사용하기 때문에 왠지 어렵게 느껴질 수

있지만 이론적인 지식은 필요 없다. 자주 나오는 3가지 패턴을 모양으로 외우면 된다.
  이 수법을 사용한 솔로는 스릴 넘치는 반음계 프레이즈이므로 임팩트가 필요할 때 연주하면 좋다.

코드 진행 분석

이 진행에서는 연주 스타일에 따라서 스케일을 선택 사용해보자. 재즈 블루스, 비밥 스타일로 플레이하고 싶다면 믹솔리디안 또는 블루스 메이저 스케일(104페이지)로 연주하는 것이 좋다. 리디안7th를 사용하면 멋진 느낌을 더할 수 있다. 모던 재즈 같은 아웃 느낌을

내고 싶다면 콤비네이션 오브 디미니시를 사용하면 좋다. G7(V7)에서는 C△7(I△7)으로 귀결되는 느낌을 내기 위해 G얼터드나 GHmp5↓도 이용한다. 키를 잃지 않고 플레이하는 것이 중요하다.

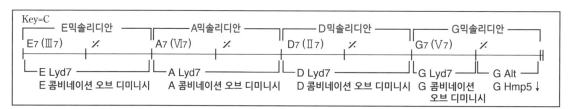

프레이징 포인트

목적음을 사이에 넣는 패턴 중에서 자주 사용되는 패턴을 오른쪽에 3개의 그림으로 정리해보았다. 목적음의 위아래로 인접한 음은 스케일이든 그 외의 음이든 상관없다. 사이에 들어가는 목적음은 기본적으로 코드톤이지만 드물게는 텐션음을 사용하는 경우도 있다. 애드리브에 사용한다면 일단은 음수가 적은 ⓑ패턴부터 해보자.
  참고로 이 어프로치는 목적음으로 '늦게 해결'되므로 '딜레이드 리졸브'라고 불린다.

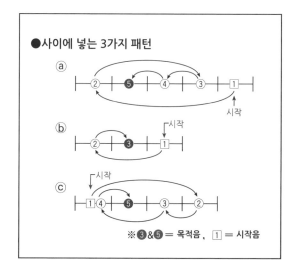

● 사이에 넣는 3가지 패턴

※ ❸&❺ = 목적음, ① = 시작음

믹솔리리안 사이에 목적음을 넣은 스릴 넘치는 솔로

▶Track Number 84

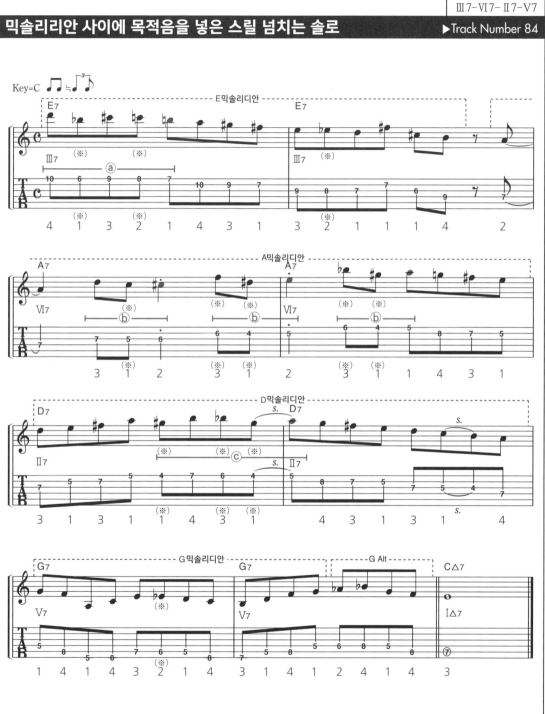

8분음 중심의 솔로 플레이. 각 코드 모두 믹솔리디안으로 연주한다. 목적음을 사이에 넣은 반음계 스타일 프레이즈에 의해 스릴이 강해졌다. 악보에 있는 ⓐ~ⓒ는 앞 페이지 그림ⓐ~ⓒ와 같은 것이므로 그림과 함께 목적음을 사이에 끼우는 패턴을 확인하면서 연주하자.

난이도 ★★☆☆☆

Cm-A♭△7-Dm7$^{(♭5)}$-G7

목표 톱 노트를 고정시켜 무드 있는 분위기를 연출해보자

노래 중심 곡이나 발라드 곡에는 역시 인트로 가 있으면 좋다. 갑자기 테마 부분부터 연주가 시작되면 노래하는 사람이나 선율을 담당하 는 악기가 연주를 시작하기 어렵다. 관중에게 도 마음의 준비가 필요하다.

재즈곡 인트로에는 많은 경우 일정한 패턴,

수법이 정해져있지 않다. 어떻게 연주할 것인 가는 연주자의 기량과 센스에 달려있다. 간단 히 연주한다면 톱 노트를 고정시킨 코드 어프 로치를 이용하는 것이 좋다. 여기서는 그 방법 을 살펴보겠다.

□코드 진행 분석

2마디째 코드에는 두 가지 해석이 가능하다. 하나는 A ♭6(♭VI6)와 Fm7(IVm7)의 구성음이 같으므로 'Fm7의 대리 코드'로 보는 것이다. 또 다른 하나는 A♭△7(♭VI△ 7)에서 루트음을 생략하면 Cm(Ⅰm)이므로 'Cm의 대 리 코드'로 보는 것이다. A♭△7에는 9th, #11th, 13th

(=6th) 텐션음을 사용할 수 있다.

3~4마디째는 마이너 키의 '투 파이브'인 Dm7$^{(♭5)}$(Ⅱ m7$^{(♭5)}$)를 D7$^{(♭9)}$이나 D7$^{(#9)}$으로 바꾸어 플레이하는 경 우도 많다.

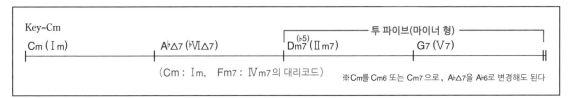

Key=Cm

Cm(Ⅰm)　　　　　　　A♭△7(♭VI△7)　　　Dm7$^{(♭5)}$(Ⅱm7)　　　　G7(V7)

┌──── 투 파이브(마이너 형) ────┐

(Cm : Ⅰm,　Fm7 : Ⅳm7의 대리코드)　　　※Cm를 Cm6 또는 Cm7으로, A♭△7을 A♭6로 변경해도 된다

□프레이징 포인트

톱 노트를 고정시킨 코드 어프로치로 무드 있는 분위 기를 연출할 수 있다. 이것은 발라드 곡의 인트로에도 자주 사용되는 패턴이다. 톱 노트에는 텐션음을 포함 한 각 코드의 공통음이 사용된다(오른쪽 그림). 이 예 뿐만 아니라 다른 진행에서도 공통음을 찾아두자. 이 처럼 사용할 수 있는 코드는 평소 연습에서 늘려두는 것이 중요하다. 실제 곡의 인트로에서는 곡 안의 코드 진행 중 일부를 4마디 정도 가져오고, 톱 노트를 고정 시켜 연주하는 것이 일반적이다.

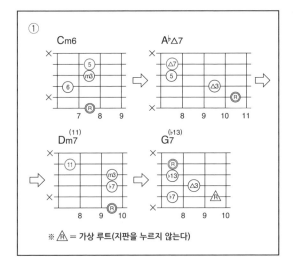

① Cm6　　A♭△7

Dm7$^{(11)}$　　G7$^{(♭13)}$

※ Ⓡ = 가상 루트(지판을 누르지 않는다)

Im- ♭VI△7- IIm7(♭5)-V7

톱 노트를 2번 줄 8프렛에 고정시킨 어레인지 예 ▶Track Number 85

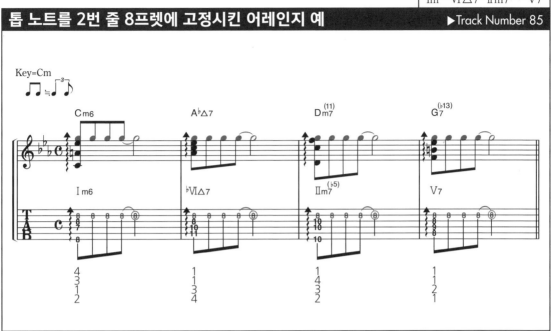

톱 노트를 2번 줄 8프렛 G음에 고정시킨 상태로 진행하는 어프로치다. 1번 손가락이 손끝으로 누르기와 부분 바레를 번갈아 하므로 정확히 코드를 눌러서 음이 끊어지지 않도록 해야 한다. 2마디째 이후는 1번 손가락이 톱을 담당하고 있으므로 이 부분을 제대로 눌러야 분위기를 살릴 수 있다.

톱 노트를 2번 줄 4프렛에 고정시킨 어레인지 예 ▶Track Number 86

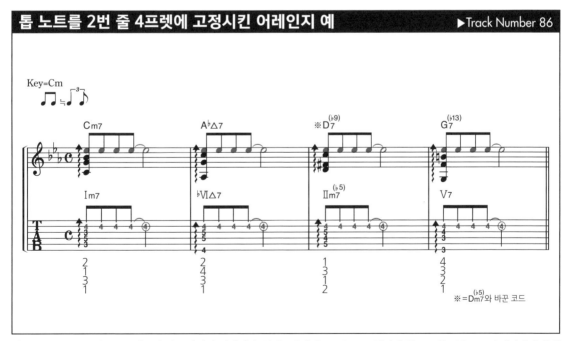

이쪽은 톱 노트를 2번 줄 4프렛 E♭음에 고정시킨 패턴이다. 원래 3마디째 코드는 Dm7(♭5)지만 톱 노트를 E♭음으로 유지시키기 위해 D7(♭9)으로 바꾸었다. 미묘한 위화감이 어른들의 재즈 느낌을 내준다.

난이도 ★★★★☆

SOLO

Cm-A♭△7-Dm7⁽♭5⁾-G7

목표 엄지손가락 피킹으로 부드럽고 굵은 사운드를 내보자

엄지손가락 피킹은 재즈 기타의 필수적인 플레이 스타일 중 하나다. 음색뿐만 아니라 자연스럽게 모았다 진행되는 느낌이 생기는 것도 매력적이다.

이 스타일의 명연주가로는 웨스 몽고메리(웨스 몽고메리의 영상을 반드시 보기 바란다)를 들 수 있다. 웨스 몽고메리와 같은 옥타브 주법과 초절정 단음 연주를 익히기 위해서는 많은 시간이 필요하다. 여기서는 간단히 할 수 있는 엄지손가락 피킹 요령에 대해서 살펴보겠다.

🔲코드 진행 분석

Cm(Ⅰm)에는 아래 그림에서 표기한 C에올리안, C하모닉 마이너 이외에 C마이너 펜타토닉, C도리안, C멜로딕 마이너(116페이지 참고)도 사용된다. 이것들은 멜로디와 코드 하모니에 따라 선택해서 사용한다. 이 진행에서는 A♭△7(♭Ⅵ△7)에 A♭리디안을 사용하는 것이

기본이지만 1~2마디를 한 덩어리인 'Cm'로 보고 어프로치하는 경우도 많다.

이어지는 후반 2마디는 전형적인 마이너형 투 파이브 진행이다.

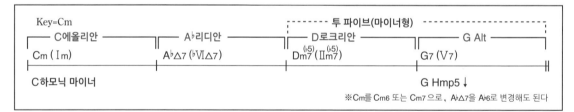

Key=Cm
C에올리안 ─── A♭리디안 ─── 투 파이브(마이너형) ─── D로크리안 ─── G Alt
Cm (Ⅰm) ─── A♭△7 (♭Ⅵ△7) ─── Dm7⁽♭5⁾(Ⅱm7⁽♭5⁾) ─── G7 (Ⅴ7)
C하모닉 마이너 ─── G Hmp5↓

※Cm를 Cm6 또는 Cm7으로, A♭△7을 A♭6로 변경해도 된다

🔲프레이징 포인트

단음 플레이에서 엄지손가락 피킹 폼은 제1관절을 안쪽으로 구부리지 않고 손가락의 '밑동(제2관절)'을 움직여 연주하는 것이 포인트다. 피킹 후에는 아래쪽 줄에 대서 멈춘다(①). 이 '피크 스톱' 동작이 부드럽고 굵은 사운드를 내는 비결이다.

옥타브 주법에서는 엄지손가락 살 부분으로 문지르듯이 피킹한다(②). 이 경우도 제1관절이 구부러지지 않도록 한다. 지판을 누르지 않은 줄도 한꺼번에 스트로크하므로 왼손 뮤트를 확실하게 해야 한다.

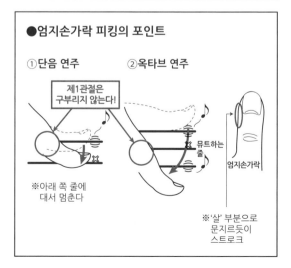

●엄지손가락 피킹의 포인트

①단음 연주   ②옥타브 연주

제1관절은 구부리지 않는다!

뮤트하는 줄

엄지손가락

※아래 쪽 줄에 대서 멈춘다

※'살' 부분으로 문지르듯이 스트로크

Im-♭VI△7-Ⅱm7(♭5)-V7

단음을 엄지손가락 피킹으로 플레이한다 ▶Track Number 87

엄지손가락으로 단음을 플레이하는 경우는 다운 피킹만으로 연주하므로 해머링&풀링, 슬라이드 등, 악보에 붉은색으로 표시한 테크닉을 활용해서 음수를 늘리는 것이 포인트다. 2마디째의 줄 이동을 하는 아르페지오는 연속으로 다운 피킹을 하므로 리듬이 흐트러지지 않도록 해야 한다.

옥타브 주법을 엄지손가락 피킹으로 플레이한다 ▶Track Number 88

위의 악보 예를 옥타브 주법으로 어레인지해보았다. 이 주법에서는 복잡한 지판 누르기 폼 이동이 어려우므로 프레이즈의 일부를 생략하거나(2&4마디째) 프레이즈 자체를 바꾸어(3마디째) 플레이하기 쉽게 만든다. 이 주법에서는 고음줄 운지를(3번 손가락 또는 4번 손가락) 위치의 기준으로 삼는 것이 좋다.

난이도 ★★★★☆   **BACKING**

Cm-Am7$^{(\flat 5)}$-Dm7$^{(\flat 5)}$-G7

목표 코드 음을 요염하게 움직여 백킹에 변화를 준다

백킹에 약동감을 주는 방법 중 하나로, 때로는 코드의 내성(톱과 보텀 이외의 음)을 멜로디어스하게 변화시켜도 곡의 분위기를 띄울 수 있다. 특히 솔로에서 백킹을 연주하는 경우에서는 단음 프레이즈처럼 멜로디끼리 부딪히지도 않는다. 또한, 이 방법은 사용하는 상황에 대한 제한도 적다. 이번에는 내성을 변화시키는 어프로치를 살펴본다.

❏코드 진행 분석

마이너 키의 코드 진행에서는 Am7$^{(\flat5)}$(Ⅵm7$^{(\flat5)}$)를 자주 사용한다. 이 코드가 Cm(Ⅰm)와 교체가 가능한 코드이기 때문이다. Cm6의 6th음을 보텀으로 가져오면 신기하게도 Am7$^{(\flat5)}$가 된다. 따라서 베이시스트가 2마디째에서 A를 연주하고 있으면 기타는 전반부 2마디를 Cm, Cm7이나 Cm6 등의 코드만으로 플레이할 수 있다. 반대로 기타만으로 반주를 할 때에는 1~2마디째를 정확히 구분해서 연주하는 것이 좋다. 참고로 Am7$^{(\flat5)}$와 궁합이 좋은 텐션은 11th와 $^{\flat}$13th다.

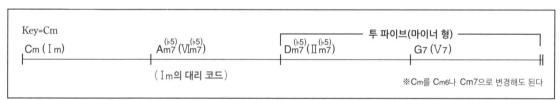

Key=Cm
Cm(Ⅰm)　　　Am7$^{(\flat5)}$(Ⅵm7$^{(\flat5)}$)　　　Dm7$^{(\flat5)}$(Ⅱm7$^{(\flat5)}$)　　투 파이브(마이너 형)　　G7(Ⅴ7)

(Ⅰm의 대리 코드)　　　　　　　※Cm를 Cm6나 Cm7으로 변경해도 된다

❏프레이징 포인트

앞에서 언급한 것과 같이 2마디째 Am7$^{(\flat5)}$(Ⅵm7$^{(\flat5)}$)를 무시하는 것이 가능하며 1~2마디 사이를 Cm 계열 코드로 계속 연주할 수도 있다. 그리고 같은 코드가 길게 이어질 때에는 코드 안의 한 음을 반음으로 순차적으로 변화시키는 어레인지가 편리하다. Cm폼 안의 루트 음을 ⓐ처럼 반음으로 하강시켜가면 Cm→Cm△7→Cm7→Cm6가 된다. 5th음을 ⓑ처럼 반음 상행시키면 Cm→Cm$^{(\#5)}$→Cm6→Cm7과 같이 변화한다. 이 어레인지를 '클리셰'라고 부르며 재즈 이외에 팝스, 록에서도 많이 사용된다.

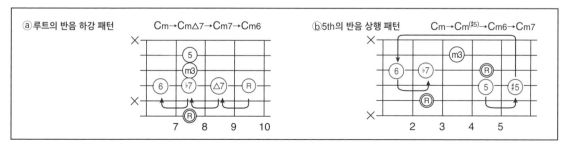

ⓐ루트의 반음 하강 패턴　　　Cm→Cm△7→Cm7→Cm6

ⓑ5th의 반음 상행 패턴　　　Cm→Cm$^{(\#5)}$→Cm6→Cm7

Im−Ⅵm7(♭5)−Ⅱm7(♭5)−Ⅴ7

루트음의 반음 하강으로 Cm를 요염하게 변화시킨다 ▶Track Number 89

1~2마디 사이는 Cm의 루트음을 순차적으로 반음 하강시키는 '클리셰' 패턴이다. 악보에서 붉은색으로 표시한 4번 줄의 음정변화에 따라서 코드 네임이 바뀌는 점을 확인하자. 때때로 브러싱 노이즈를 넣어주면 리듬을 유지하기 쉬워진다.

5th의 반음 상행으로 Cm를 요염하게 변화시킨다 ▶Track Number 90

1~2마디 사이는 Cm의 5th음이 순차적으로 반음 상행하는 '클리셰' 패턴이다. 줄 이동을 하면서 음정이 변화하는 부분도 있으므로 운지에 주의하자. 그리고 2마디째 Cm6에서는 코드 체인지를 쉽게 할 수 있도록 '3음 구성 코드'로 만들었다.

난이도 ★★★☆☆

Cm-Am7$^{(b5)}$-Dm7$^{(b5)}$-G7

목표   멜로딕 마이너 스케일로 솔로를 연주한다

클래식은 물론이고 재즈에서도 멜로딕 마이너 스케일(선율적 단음계)은 많이 사용된다. Cm코드에 멜로딕 마이너를 사용하면 마이너 느낌이 더욱 강조된다. 특히 Cm6와 궁합이 좋은 것이 특징이다. 사운드는 다른 마이너 계열 스케일에는 없는 매끄러운 인상을 가지고 있다.

'메이저 스케일의 3rd음을 반음 내린' 구조이므로 비교적 편하게 사용할 수 있을 것이다. 반드시 마스터하자.

□코드 진행 분석

2마디째 Am7$^{(b5)}$(VIm7$^{(b5)}$)는 Cm6(I m6)와 코드의 구성음이 같으므로 전반부 2마디 동안은 C멜로딕 마이너로 플레이할 수 있다. 3마디째 Dm7$^{(b5)}$(II m7$^{(b5)}$)는 Fm6(IVm6)와 구성음이 같으므로 여기는 F도리안으로도 대응이 가능하다. 2~3마디째는 각각 A로크리안과

D로크리안이어도 되지만 로크리안은 잘 사용하기 어려우므로 이러한 스케일 교체를 알아두면 편리하다.

4마디째는 마이너형 투 파이브의 G7(V7)이므로 GHmp5↓ 정도가 무난하다.

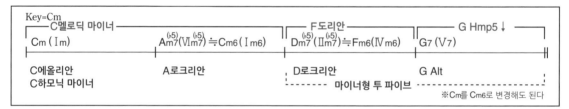

□프레이징 포인트

이 진행은 멜로딕 마이너가 핵심이다. 오른쪽 그림을 참고해서 우선은 포지션을 기억해두자. 앞에서 이야기했듯이 '메이저 스케일에서 3rd음을 반음 내렸을 뿐'이라고 보면 외우기 쉬울 것이다. 이후에는 이 스케일의 특징인 6th&△7th음을 넣은 프레이즈에도 도전해보자.

멜로딕 마이너는 이론서에 따라서는 '상행 프레이즈에만 사용한다'라고 되어있지만 크게 신경 쓸 필요는 없다. 요즘 재즈에서는 하행에서도 자주 사용된다.

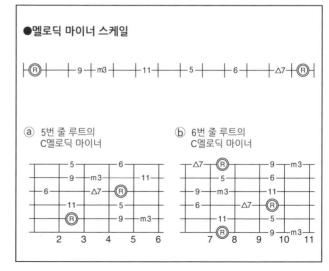

●멜로딕 마이너 스케일

ⓐ 5번 줄 루트의 C멜로딕 마이너

ⓑ 6번 줄 루트의 C멜로딕 마이너

Im-VIm7$^{(\flat 5)}$- IIm7$^{(\flat 5)}$-V7

5번 줄 루트의 멜로딕 마이너를 이용한다

▶Track Number 91

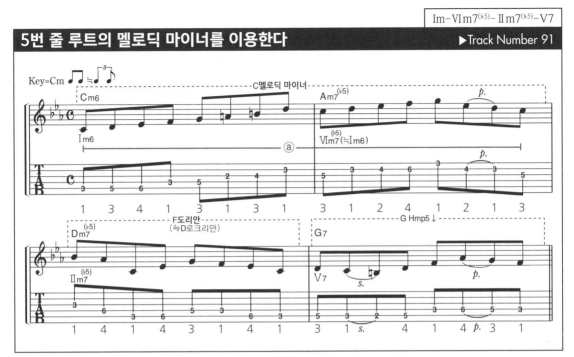

1~2마디째는 멜로딕 마이너를 따르는 프레이즈다. 다른 마이너 계열 스케일에는 없는 6th→△7th(A음→B음)가 멜로디어스하게 만드는 요소다. 3마디째는 Dm7$^{(\flat 5)}$와 Fm6가 같은 구성음이라는 점을 이용해서 F도리안으로 연주했다. 3마디째에서 실제로 Fm6나 Fm7코드를 연주해보면 납득이 될 것이다.

6번 줄 루트의 멜로딕 마이너를 이용한다

▶Track Number 92

전반부 2마디 동안은 6번 줄 루트의 기본 포지션에서 멜로딕 마이너를 연주하고 있다. 시작부분 8음은 위쪽 악보 예에서 '1옥타브 올림&시작부분의 타이밍을 이동'시켰을 뿐인 프레이즈다. 2마디째 마지막음은 6th음으로 프레이즈를 마무리하고 있다. 이것은 이 스케일의 대표적인 음 사용방법이다.

난이도 ★★★★★

BACKING

Cm-Fm7-B♭7-E♭△7-A♭△7-Dm7$^{(♭5)}$-G7-Cm

목표 ## 백킹에 서브 멜로디 같은 요소를 더해보자

재즈 플레이 중에는 백킹에서도 멜로디가 느껴지는 경우가 있다. 여기서는 '부선율=서브 멜로디' 같은 요소를 가진 백킹 플레이에 대해서 다루어보겠다. 어려울 것 같지만 기본적으로는 코드의 톱 노트에 멜로디를 가져가는 것이다. 나머지는 지금까지 해설한 것을 응용하

면 된다.

이러한 어프로치를 할 수 있게 되면 재즈 스탠더드를 플레이할 때에도 유리해질 것이다.

🔲 코드 진행 분석

전반부분은 4도(5프렛 차이) 진행으로 구성되어있기 때문에 안정된 진행감을 가지고 있다. 2~4마디째는 숨어있는 투 파이브→원이다. 사용하는 텐션음이 메이저형 투 파이브와 같아도 된다. 5마디째 A♭△7(♭Ⅵ△7)은 Cm7(Ⅰm7)과 대치 가능한 대리 코드(110페이지)다. 6~8

마디 사이는 마이너형 투 파이브→원이다.

참고로 스탠더드곡 '플라이 미 투 더 문'에서 이와 비슷한 진행을 테마 부분에 사용하고 있다. 따라서 '플라이 미 진행'이라고도 한다.

🔲 프레이징 포인트

'부선율을 작곡하는' 수법은 오른쪽 그림의 순서로 하는 것이 간편하다. 이처럼 각 코드에서 톱 노트의 움직임을 컨트롤하면 매끄러우면서도 멜로디어스한 코드 백킹이 된다.

위의 방법에 추가로 지금까지 해설한 반음 이동, 리드미컬한 싱커페이션을 함께 사용하면 보다 실전적인 백킹이 만들어진다. 참고로 다음 페이지 악보 예에서는 그루브 느낌을 강조하기 위해 곳곳에 브러싱을 넣었다. 이러한 수법을 사용해도 좋다.

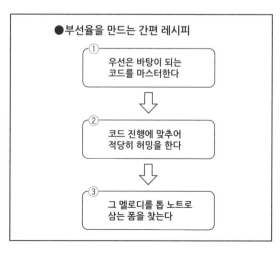

●부선율을 만드는 간편 레시피

① 우선은 바탕이 되는 코드를 마스터한다

② 코드 진행에 맞추어 적당히 허밍을 한다

③ 그 멜로디를 톱 노트로 삼는 폼을 찾는다

Im-IVm7-♭VII7-♭III△7-♭VI△7-IIm7(♭5)-V7-Im

서브 멜로디 같은 요소를 가미한 패턴

▶Track Number 93

붉은색으로 표기된 것은 서브 멜로디 같은 부분이다. 전체를 연주하기 전에 우선은 이 음들만 연주해보자. 그 밖의 어레인지 수법으로는 코드 반음 이동, '3음 구성 코드' 이용 등, 지금까지 소개한 테크닉이 총동원되었다. 브러싱을 한번씩 사용해 더욱 재즈 느낌을 낸 점에도 주목하자. 상당히 변칙적인 스트로크이며, 리듬면에서는 '셋잇단음 스타일의 통통 튀는 느낌'을 이 패턴으로 연주할 수 있어야 리얼한 스윙감을 낼 수 있다.

119

난이도 ★★★★★

SOLO

Cm-Fm7-B♭7-E♭△7-A♭△7-Dm7(♭5)-G7-Cm

목표 독주 스타일에 도전해보자!

기타 하나로 하는 완전 독주 플레이는 재즈 기타를 배우는 사람이라면 동경하는 플레이 스타일이다. 하지만 백킹과 솔로를 동시에 진행시키는 어프로치는 운지면에서 까다로운 경우가 많다. 따라서 록에서는 왼손 엄지손가락을 사용하는 코드 폼을 이용한다. 나머지는 지금까지 소개한 코드와 솔로에 관한 노하우를 총동원하면 독주 스타일 연주가 가능해질 것이다. 지금까지의 총정리라 할 수 있는 내용이다.

코드 진행 분석

이 진행은 2~4마디째 사이의 Fm7-B♭7-E♭△7(IVm7-♭VII7-♭III△7)을 메이저형 투 파이브로 보는 것이 포인트다(이 부분의 키를 E♭으로 보면 IIm7-V7-I△7이 된다). 즉 'F도리안→B♭믹솔리디안(B♭얼터드도 좋다)→E♭이오니안'으로 어프로치를 하는 것이다. 참고로 2마디째부터 연주해보면 86페이지의 '고엽 진행'과 비슷하다는 것을 알 수 있다.

5마디째 이후는 112페이지 진행을 2마디째부터 시작한 형태다. 따라서 이것도 같은 방식으로 해도 된다.

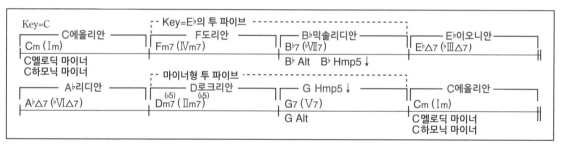

프레이징 포인트

기타 혼자서 연주하는 독주는 백킹과 솔로를 동시 또는 교대로 해야 하므로 손가락이 바쁘다. 이것을 완화시키기 위해서는 6번 줄 보텀음을 엄지손가락으로 누르면 좋다. 오른쪽 그림에 그 대표적인 엄지손가락 사용 코드폼을 예시로 정리해두었다.

다음 페이지 악보 예와 같은 스타일을 좋아한다면 앨범 한 장을 독주로 연주하는 조 패스의 명음반 <Virtuoso>를 들어보기 바란다. 어프로치 면에서 다양한 힌트를 얻을 수 있을 것이다.

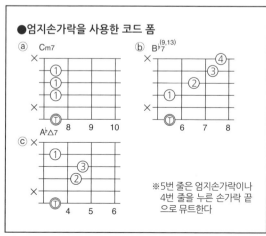

●엄지손가락을 사용한 코드 폼

※5번 줄은 엄지손가락이나 4번 줄을 누른 손가락 끝으로 뮤트한다

Im−IVm7−♭VII7−♭III△7−♭VI△7−IIm7(♭5)−V7−Im

엄지손가락으로 지판을 누르는 독주 플레이

▶Track Number 94

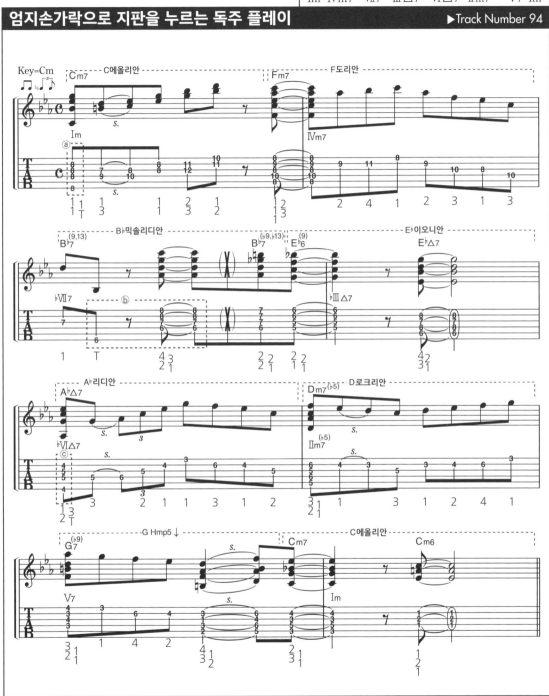

1마디째는 엄지손가락으로 누르는 코드 폼에서 2음 프레이즈로 이행하는 것이 포인트다. 엄지손가락을 사용하지 않는 일반적인 폼이라도 좋지만, 엄지손가락을 이용하면 더 편하게 다음 프레이즈로 이행할 수 있다. 3&5마디째도 마찬가지다. 기본적으로 리듬면에서는 재즈만의 통통 튀는 느낌을 의식하는 것이 중요하다. 부록 음원을 포함해 다양한 명연주를 들어보고 그루브에 대해서 배우자.

맞은편 코드에 대한 보충 설명

맞은편 코드란 무엇인가?

깊은 분위기의 재즈 어프로치에는 '맞은편 코드'라는 것이 있다. 이번 칼럼에서는 맞은편 코드에 대해서 설명하겠다. 7th코드와 맞은편 코드는 서로의 루트 위치 관계를 파악하고 있다면 그다지 어렵지 않다.

G7의 대타=맞은편 코드 D♭7

대리 코드란 코드의 구성음이 여러 개 공통되어있어 대체가 가능한 코드를 말한다. 여기서 다루는 '맞은편 코드'도 대리 코드의 일종으로 7th코드만 전문적으로 다룬다는 특징이 있다(따라서 □△7, □m7 등의 맞은편 코드는 존재하지 않는다). 그림1에 서로 맞은편 코드인 'G7(V7)⟺D♭7(♭Ⅱ7)'의 포지션 관계를 표시해두었다. G7의 △3rd=D♭7의 ♭7th=B음, D♭7의 △3rd=G7의 ♭7th=F음 등, 같은 구성음을 가지고 있다는 점에 주목해보자. 맞은편에 있는 관계다.

비스듬한 것이 포인트! G7과 D♭7의 루트 위치

그림1을 보면 알 수 있듯이 포인트는 서로의 루트 포지션이 비스듬하게 있다는 것이다. 반드시 외워두자.

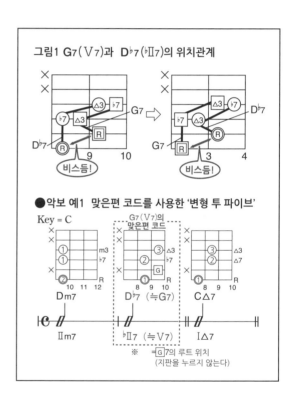

그림1 G7(V7)과 D♭7(♭Ⅱ7)의 위치관계

●악보 예1 맞은편 코드를 사용한 '변형 투 파이브'

루르음의 반음 하강이 매력! 맞은편 코드로 바꾼 투 파이브 진행

맞은편 코드를 투 파이브 진행의 G7(V7)으로 이용하면 루트음을 매끄럽게 반음 하강시키는 진행을 만들 수 있다(악보 예1).

또한 G7에 대응하는 스케일로 'G얼터드=D♭리디안7'=같은 구성음, 'G리디안7=D♭얼터드'=같은 구성음이라는 맞은편 코드와 같은 관계가 많이 사용된다.

제 4 장

재즈 블루스 총정리

마지막은 재즈 블루스 백킹&솔로로 마무리한다. 재즈 블루스에서는 다양한 종류의 코드를 한꺼번에 다룰 수 있고, 구성도 12마디로 길기 때문에 백킹&솔로를 한꺼번에 연습하기 좋다.

다음 페이지에서 메이저형과 마이너형의 기본형을 소개하겠다(이 책의 악보 예는 메이저형이 Key=B♭, 마이너형이 Key=Am로 되어있 다). 이것은 어디까지나 기본형으로 수많은 베리에이션이 존재한다.

재즈 블루스 진행의 기초지식

 메이저형&마이너형의 기본진행과 대응 스케일을 알아보자

☐ 코드 진행 분석: 메이저형

메이저형 코드 진행과 텐션음에 대해서 알아보자. 다음 본문과 아래 그림에서의 ①②③…은 마디수를 나타낸다. ① I7이 기본이며, I6도 된다. ④ ♭ 또는 #이 붙은 텐션음을 사용할 수 있다(다음 페이지 아래 표 참조). 이 경우는 IV7에 대해서 강한 진행감을 낼 수 있다. ⑥ #IVdim와 교체가 가능한 IV7(♭9)을 사용하는 경우도 많다. ⑦ 컴핑의 경우는 I7 또는 I6은 IIIm7에도 가능하다. ⑧ 텐션은 다음 페이지 아래의 표대로지만 여러 텐션음을 사용하는 경우에는 13th를 포함한 코드, 예를 들면 VI7(♭9, 13)도 등장한다. ⑪ 빠른 템포에서는 VI7을 생략할 수도 있다.

☐ 스케일&음 사용: 메이저형

다음은 메이저형 코드 진행에서 사용하는 스케일에 대해서다. ①~③ 블루스 느낌을 원한다면 I블루스 메이저가 최적이다. 그 경우 2마디째 IV7은 코드음을 의식하는 정도면 된다. ④ 그림 하단에 표기된 스케일을 사용하면 IV7로 매끄럽게 연계된다. ⑥ IV7이라면 IV콤비네이션 오브 디미니시도 이용이 가능하다. 이것은 #IV디미니시와 구성음이 같다. ⑦ IIIm7에 대해서 I7 또는 I6의 대응 스케일을 사용해도 좋다. 재즈에는 적당히 넘어가는 부분도 많다. ⑪ 세밀한 진행은 무시하고 I마이너 펜타토닉(△3rd& ♭5th 추가)만으로 멋지게 마무리하는 것도 한 방법이다.

메이저형 블루스 진행과 대응 스케일

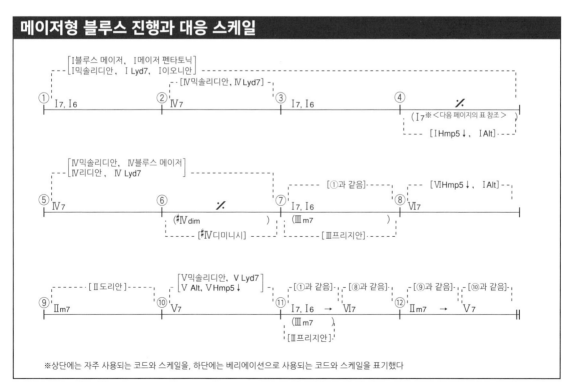

※상단에는 자주 사용되는 코드와 스케일을, 하단에는 베리에이션으로 사용되는 코드와 스케일을 표기했다

□ 코드 진행 분석: 마이너형

이번에는 마이너형에 대해서다. ① Im 위에서 음을 길게 늘일 때에는 코드 선택에 주의가 필요하다. 예를 들어 △7th음이 지속되는 경우, Im7에서는 구성음인 ♭7th음과 반음으로 충돌한다. ④ I7에 ♭ 또는 #이 붙은 텐션음을 사용하면 IVm로의 진행이 매끄러워진다. ⑤ Im와 마찬가지로 멜로디와의 관계를 잘 살펴야 한다. ⑧&⑪ 하단에 표기된 진행은 밋밋함을 피하기 위해 사용한다.

□ 스케일&음 사용: 마이너형

①&⑤ 마이너 코드에 대한 스케일 선택에는 주의가 필요하다. 예를 들어 Im6 또는 Im△7이라면 멜로딕 마이너, Im7이라면 도리안이 좋다. 블루스 느낌을 강조하는 경우에는 I마이너 펜타토닉 (♭5th 추가)이 좋다. ⑧ 하단에 표기된 코드는 모두 Im와 대체가 가능하므로 I마디째와 같은 스케일이어도 된다. ⑪~⑫ 블루스 느낌을 중시한다면 I마이너 펜타토닉(♭5th 추가)이 좋다.

마이너형 블루스 진행과 대응 스케일

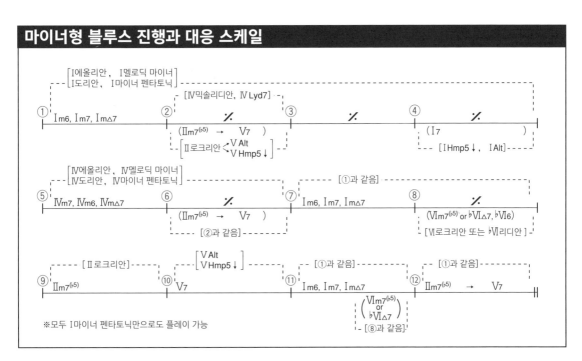

※모두 I마이너 펜타토닉만으로도 플레이 가능

□ 메이저형 & 마이너형 텐션음

메이저&마이너 진행에서 코드와 궁합이 좋은 텐션음을 표로 정리해보았다. 이것들을 이용할 때에는 앞뒤 코드와의 연계도 잘 살펴보아야 한다. 경우에 따라서는 텐션이 없는 편이 더 매끄럽게 어프로치 되는 경우도 있다.

● 메이저형 블루스 진행의 코드와 텐션음

코드	궁합이 좋은 텐션음
I6	9
I7	9, 13
I7 ※ (※4마디째의 경우)	♭9, #9, #11, ♭13
IIm7	9, 11
IIIm7	11
IV7	9, 13
V7	♭9, 9, #9, #11, ♭13, 13
VI7	♭9, 9, #9, #11, ♭13

● 마이너형 블루스 진행의 코드와 텐션음

코드	궁합이 좋은 텐션음
Im6	9
Im7, Im△7	9, 13
I7	♭9, #9, #11, ♭13
IIm7 (♭5)	11, ♭13
IVm6, IVm△7	9
IVm7	9, 11
V7	♭9, 9, #9, #11, ♭13
♭VI6	9
♭VI△7	9, #11, 13
VIm7 (♭5)	11, ♭13

난이도 ★★☆☆☆ | Major Blues | minor Blues

컴핑을 사용한 4비트 백킹

▶ Track Number 95

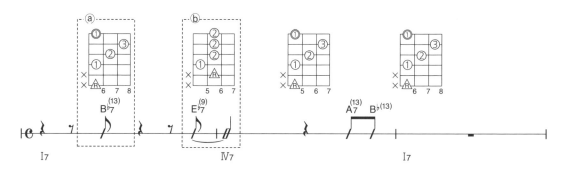

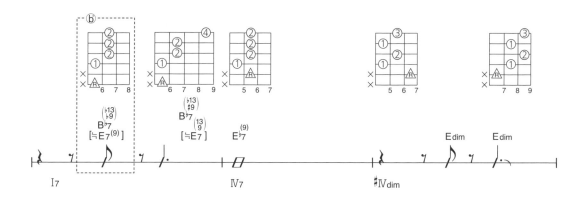

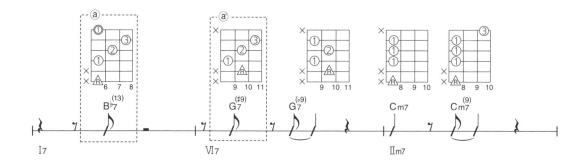

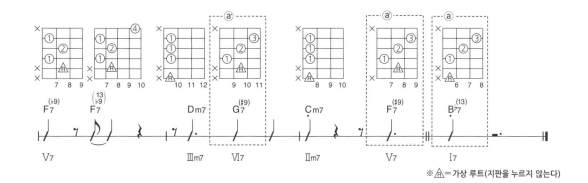

※⌂=가상 루트(지판을 누르지 않는다)

프레이즈 설명

4비트에서의 정통적인 컴핑이다. 악보 예는 1~4번 줄에 의한 고음줄 위주의 플레이다. 메인 파트에 대해 간주 같은 역할의 백킹이 목적이므로 음수는 많지 않다. 경우에 따라서는 3마디째처럼 연주하지 않는 편이 효과적일 수 있다.

체크 포인트 ✔CHECK

빠른 템포에서의 백킹은 코드 폼의 공통 부분에 주목해 합리적으로 운지를 해야 한다. 오른쪽 그림은 코드 네임은 다르지만 운지가 같은 경우의 것이다. 이러한 폼을 함께 알아두면 악보 예와 같은 효율적인 코드 어프로치가 가능해진다.

'4음 구성 코드' 진행에서 음수가 적은 '3음 구성 코드'를 섞어서 빠른 템포에 대응하는 방법도 있다. 코드 체인지에 따라서 효율적으로 선택사용하자.

●같은 폼 코드

ⓐ□7(13)

ⓐ□7(♯9)

폼이 같다!
⟺

ⓑ□7(9)

ⓑ□7(♭9,♭13)

폼이 같다!
⟺

※⌂=가상 루트(지판을 누르지 않는다)

난이도 ★★★★☆ | Major Blues | minor Blues | **SOLO**

비밥(bebop) 스타일 솔로에 도전해보자!

▶ Track Number 96

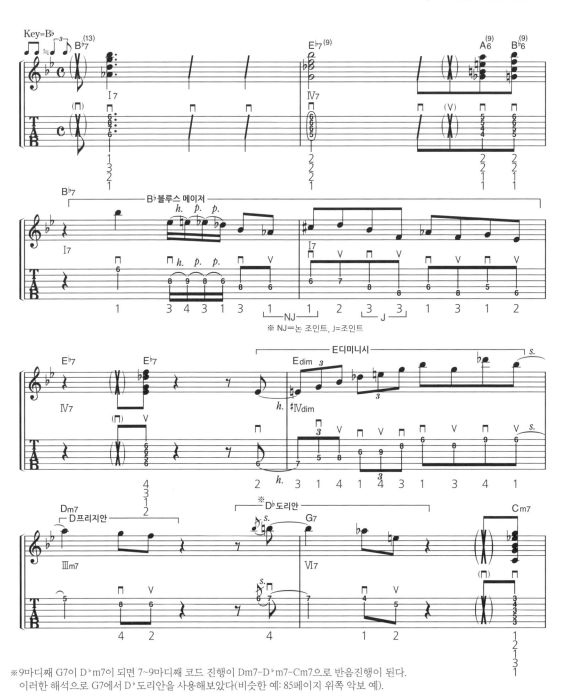

※9마디째 G7이 Dᵇm7이 되면 7~9마디째 코드 진행이 Dm7-Dᵇm7-Cm7으로 반음진행이 된다.
　이러한 해석으로 G7에서 Dᵇ도리안을 사용해보았다(비슷한 예: 85페이지 위쪽 악보 예).

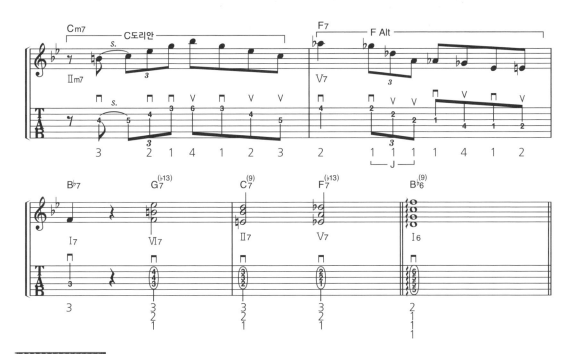

프레이즈 설명

여기서는 비밥 스타일 솔로에 도전한다. 시작 부분 2마디는 '도입부'이므로 너무 강하게 연주하지 않는다. 백킹은 고음줄 위주의 어프로치다. 중반에 종종 들어오는 코드 플레이는 솔로 진행에 힘을 더해주기 위한 것이다. 7~8마디째 'D프리지안→D 도리안'의 붕 뜨는 느낌이 멋지다.

체크 포인트 ✔ CHECK

재즈 프레이즈에는 다른 줄 같은 프렛 지판 누르기가 자주 등장한다. 하지만 항상 조인트로 연주하는 것은 아니다(악보의 손가락 지정 참조). 조인트 또는 논 조인트를 잘 선택해서 사용하는 것이 중요하다(오른쪽 그림). 이 전환을 무의식적으로 할 수 있게 되면 재즈 프레이즈에 대한 운지 대응력이 크게 향상된다.

피킹은 얼터네이트를 고집하지 않고 4비트 그루브가 살아나도록 하는 것이 중요하다. 악보에 함께 표기된 피킹 순서는 그 점을 중시한 예다. 이 악보 예를 연주할 때에는 우선 기타를 연주하지 않고 지정된 피킹을 '헛 피킹'으로 연주해서 리듬을 익히는 것부터 시작하자.

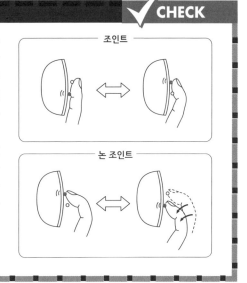

조인트

논 조인트

난이도 ★★★☆☆ | Major Blues | minor Blues

BACKING

컴핑&베이스 라인을 손가락으로 연주하자

▶ Track Number 97

<table>
<tr><td>프레이즈
설명</td><td>컴핑과 베이스 라인을 동시에 플레이하는 마이너 블루스다. 핑거피킹이 기본이지만 부록
음원에서는 저음을 피크로, 컴핑을 오른손 2번&3번 손가락으로 피킹했다. 중급자는 이 방
식에도 도전해보자. 컴핑은 리듬이 중요하다. 소리를 명확하게 내는 것보다 리듬을 잘 표
현하자.</td></tr>
</table>

체크 포인트　　　　　　　　　✓CHECK

저음 루트를 포함한 '3음 구성 코드'를 사
용하고 있는 점에 주목하면 그리 어려운
플레이는 아니다. 게다가 이 악보 예에 나
오는 코드 폼은 오른쪽 그림의 5가지 뿐이
다. □m7(♭5) 코드에서는 ♭5th음이 생략되
어 □m7 코드와 운지 폼이 같다. 나머지는
코드 폼 주위의 음을 이용해서 베이스 라
인을 연주하면 된다.

연습 순서는 먼저 베이스 라인을 마스터
하고 여기에 컴핑을 추가하는 방식이다.

●3음 구성 코드 폼

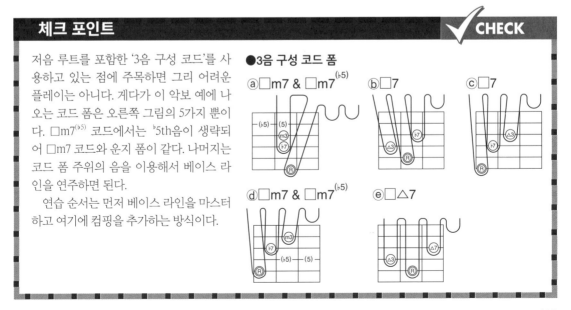

난이도 ★★★★★ Major Blues minor Blues   SOLO

독주 스타일로 연주하는 재즈 블루스

▶ Track Number 98

프레이즈 설명

마지막은 독주 스타일로 마무리한다. 진행은 맞은편 코드와 대리 코드를 사용해서 보사노바 같은 분위기로 만들었다. 5~8마디째는 메이저형 투 파이브 원을 넣은 어레인지다. 블루스 진행도 어레인지에 따라서는 이 정도로 바뀔 수 있다는 예를 볼 수 있다. 블루스 느낌은 전혀 나지 않는다.

체크 포인트 ✔ CHECK

독주 스타일에서는 어떠한 피킹이든 상관없지만 여기서는 모두 엄지손가락 다운 피킹만으로 연주한다. 우선, 주의할 점은 코드 스트로크와 단음 프레이즈를 구분해서 연주하는 것이다. 아르페지오를 포함한 단음 프레이즈에서는 연주한 줄 아랫줄에 엄지손가락을 대서 멈춘다(ⓐ). 코드는 엄지손가락 살 부분으로 문지르듯이 연주한다(ⓑ). 아르페지오에서는 리듬이 흐트러지지 않아야 한다.

리듬면에서 주의할 점은 4분음 스타카토와 테누토다. 이것들은 보사노바 그루브에 필수적이다. 뒷박 연주 리듬은 쉼표부분에 종종 브러싱을 사용하면 리듬을 유지하기 쉬워지고 그루브도 좋아진다.

● **손가락 연주 포인트**

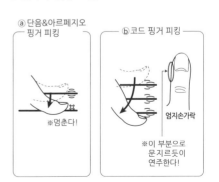

ⓐ 단음&아르페지오 핑거 피킹
※멈춘다!

ⓑ 코드 핑거 피킹
엄지손가락
※이 부분으로 문지르듯이 연주한다!

COLUMN4 | 간단한 아웃으로 '짝퉁 모던 재즈'를 연주한다

지금까지의 내용을 어느 정도 이해했다면 정통적인 재즈 스타일로 스탠더드곡을 연주할 때 어려움이 없을 것이다. 하지만 독자 중에는 좀 더 재즈 느낌이 강한 연주를 하고 싶어하는 분도 있을 것이다. 여기서는 짝퉁이지만 진짜 느낌의 효과가 큰 '짝퉁 모던 재즈'를 소개한다. 이론 설명이 생략된 상당히 대략적인 해설이다. 하지만 프로 기타리스트 중에는 이처럼 상세한 내용은 생각하지 않고 어프로치를 하는 경우도 있다. 원 코드 잼 세션에서 사용해보자.

'반음 어긋나는&적당히 어긋나는' 멋진 백킹

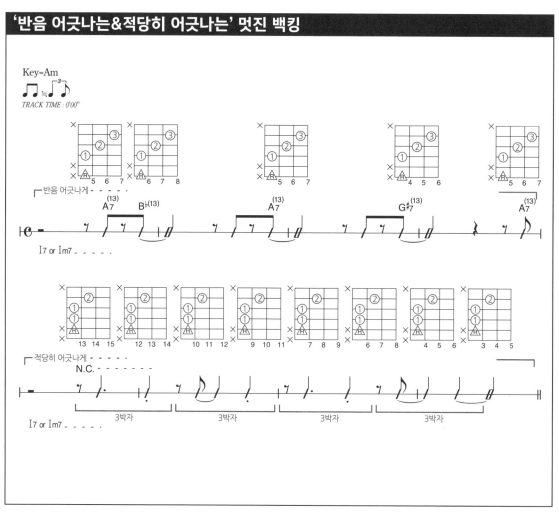

모던 재즈에서 많이 볼 수 있는 원 코드 진행에서 프레이즈를 살짝 '아웃'시키면 멋진 플레이를 할 수 있다. 간단한 백킹 방법으로는 위 악보 예 1~4마디째와 같이 저음 루트를 생략한 '3음 구성 코드'를 반음 위아래로 움직이면 효과적이다! 또는 5~8마디째처럼 루트음을 생략한 '□m7(11)'폼을 적당히 평행이동시켜도 효과적이다. 이때 3박 사이클의 쉼표를 사용하는 등 리듬적인 면에서 장치를 마련해두면 붕 뜨는 느낌을 더욱 강하게 낼 수 있다. 다만 박자를 잃지는 않아야 한다.

'펜타토닉을 어긋나게&콤비네이션 오브 디미니시'로 간편하게 아웃 솔로

솔로의 경우, 반음 위의 스케일을 이용하면 간편하다. 악보 예 2&4마디째는 이 수법으로 연주한 것이다. 또한 5~8마디째처럼 콤비네이션 오브 디미니시를 사용해도 효과적이다.

재즈 기타
실력향상의 비법

여기서는 <재즈 기타 실력 향상 100가지 비법>(2011년, Rittor-Music)
에서 발췌한 더욱 실전적인 아이디어를 소개하겠다.

교본에 소개된 적이 거의 없는 내용이므로 독학으로 고생하고 계시
는 독자분들이 이 내용을 본다면 실력 향상에 큰 도움이 될 것이다.

우선은 많이 듣는다

재즈 기타 실력을 향상시키고 싶다면

재즈 기타 연주를 많이 듣는다!

저자가 추천하는 재즈 기타리스트

· 앤드류 스콧	· 조지 벤슨	· 피터 번스타인
· 웨스 몽고메리	· 조나선 크리스버그	· 빌리 바우어
· 에드 비커트	· 조니 스미스	· 비렐리 라그렌
· 에밀리 렘러	· 존 스코필드	· 마이크 스턴
· 커트 로젠윈클	· 존 피사노	· 마크 휏필드
· 그랜트 그린	· 탈 팔로우	· 마틴 테일러
· 케니 버렐	· 찰리 크리스천	· 먼델 로우
· 예세 반 룰레	· 허브 엘리스	· 라게 런드
· 지미 브루노	· 바니 케셀	· 러셀 말론
· 짐 홀	· 팻 마티노	· 레니 브류
· 장고 라인하르트	· 팻 메스니	· 론 아피프
· 조 패스	· 하워드 로버츠	· 지미 레이니

재즈 연주가 좋아서 재즈 기타를 시작하긴 했는데 좀처럼 실력이 늘지 않는가? 재즈 연주를 많이 듣고 있는가? 록이든 블루스든 어떤 연주 스타일을 몸에 익히기 위해서는 그 스타일을 엄청나게 많이 들어야 한다. 음 사용방법과 리듬의 특징을 몸에 익히는 것이다. 이론을 아무리 많이 공부해도 들었던 작품이 적으면 재즈다운 연주를 하기란 어렵다.

실력 향상을 위해 재즈 기타 연주를 듣는다는 마음가짐도 중요하다. 흔한 경우가 '마일스, 콜트레인의 작품은 듣고 있지만 기타는 웨스 몽고메리와 조 패스 정도…'라는 패턴이다. 여기서 주의할 점이 재즈 기타 프레이즈에는 기타라는 악기 고유의 것도 많다는 것이다. 즉 재즈 기타를 잘 연주하고 싶다면 재즈 기타 연주를 엄청나게 많이 들어야 효율적으로 재즈 기타 테크닉을 흡수할 수 있다. 위에 주요 재즈 기타리스트를 정리해두었으므로 이들의 작품을 모두 들어보자.

비법 스탠더드곡을 외운다

스탠더드곡을 많이 외워두면

재즈를 파악하는 능력이 자연스럽게 향상된다

재즈를 연주할 수 있게 되기 위해서는 이론과 스케일만 공부해서는 영양 균형이 맞지 않는다. 많이 연주되는 다양한 인기 스탠더드곡을 아는 것이 중요하다. 스탠더드곡 중에는 원래는 무대음악이나 영화음악 등 옛날에 유행했던 것이 많다. 이 곡들을 재즈 뮤지션이 여러 번 연주하면서 코드 진행 등에 변화를 주어 더욱 재즈답게 다듬어진 것이다. 이러한 어레인지 기법에는 '이론'이 사용되었다. 따라서 스탠더드곡을 외우면 이론을 음의 필링으로 느낄 수 있게

된다.
　재즈 기타를 시작했다면 잼 세션(재즈 세션)에 참가하는 것도 목표 중 하나일 것이다. 세션에서 연주되는 곡도 대부분 스탠더드곡이다. 때문에 스탠더드곡을 외우는 것은 필수불가결한 일이다(159페이지 참조). 이를 위해서는 스탠더드곡 악보집을 한 권은 구입해두는 것이 좋다. 책에 따라서는 키가 다르기도 하므로 가까운 사람이 사용하는 것과 같은 것을 고르자.

비법 연습내용을 기록한다

연습내용을 기록하면

자신의 약점과 실력향상을 확인할 수 있다

여러분은 일기를 쓰는가? 매일의 생활을 기록한 일기를 나중에 보면 자신의 행동 패턴과 목표에 대한 동기부여의 변화를 확인할 수 있다. 즉 일기는 자기 자신을 분석하는 툴이기도 하다. 이 점은 재즈 기타를 배울 때에도 도움이 된다. 일기를 쓰지 않는다면 연습기록을 적어보자.
　그날의 연습과제, 목표와 느낌 등을 날짜와 함께 기록해두자. 기록을 하다보면 내가 어떤 것을 잘 못하고 무엇을 뒤로 미루고 있는지를 알 수 있다. 또한

실력이 향상됨을 확인할 수 있어 동기부여도 유지시킬 수 있다. 참고로 문서작성 소프트웨어를 사용해서 기록하면 특정 단어를 검색할 수 있어서 더욱 편리하다.
　계획 없이 연습하면 실력이 좀처럼 늘지 않는다. 1주일 등의 짧은 기간을 설정하고 배우고 싶은 것이나 작은 목표를 몇 가지 정한다. 그리고 이런 작은 과제를 하나씩 해결하도록 연습해야 실력을 향상시킬 수 있다.

운지 폼을 선택한다

다양한 종류의 운지 폼을 익히면

매끄럽게 코드 체인지를 할 수 있다

3가지 7th코드의 운지 폼

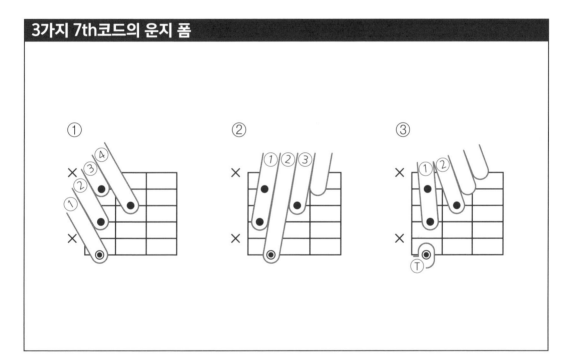

하나의 코드 폼에 여러 가지 운지 방법이 있을 때 '아무거나 가장 누르기 편한 것 하나만 익히면 되지' 라고 생각하고 있지는 않은가? 이렇게 하면 연습 효율이 크게 떨어진다. 각종 코드의 운지는 그 코드 앞뒤에 있는 음 사용에 따라 이동하기 쉬운 운지 폼을 선택해야 한다. 재즈에서 사용되는 코드 중에는 운지 폼이 어려운 것이 많다. 따라서 매끄럽게 코드 체인지를 하기 위해서는 효율이 좋은 운지 폼을 선택하는 것이 중요하다. 이미 알고 있는 코드라 하더라도 다른 운지 방법은 없는지 찾는 습관을 들이자. 코

드에 대한 대응능력이 크게 향상될 것이다.

예를 들어 6번 줄 루트의 7th코드에는 3가지 운지 폼이 있다. ① 1, 2, 3, 4의 네 손가락으로 한 줄씩 누른다. ② 2&4번 줄을 1번 손가락으로 부분 바레하고 3번 줄: 3번 손가락, 6번 줄: 2번 손가락으로 누른다. ③ 2&4번 줄을 1번 손가락으로 부분 바레하고 3번 줄: 2번 손가락, 6번 줄을 엄지손가락으로 누른다. 어떤 폼이든 불필요한 줄은 뮤트해야 한다.

참고로 ①~③을 순차적으로 체인지하면 좋은 준비운동이 된다.

기본 코드를 되돌아본다

가장 기본적인 10가지 폼을 익히면

대부분의 스탠더드곡을 연주할 수 있다

재즈에서 많이 사용되는 10가지 기본 코드 폼

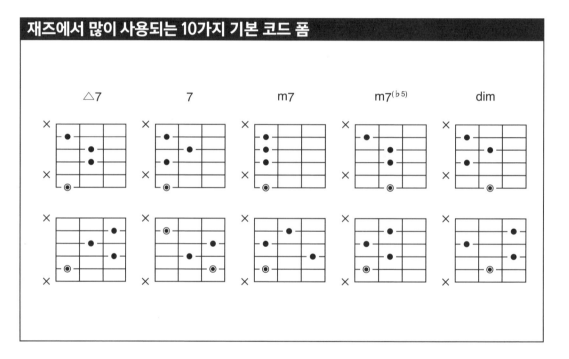

재즈에는 다양한 코드가 사용되고 있어 코드를 외우기란 어렵게 느껴진다. 하지만 심플한 백킹이라면 '5가지 코드 타입×2패턴 운지 폼'만 알아두어도 충분하다. 놀랍게도 이 10가지 폼만으로도 대부분의 스탠더드곡을 연주할 수 있다. 이 코드 폼들은 재즈 반주에 있어서 가장 기본적이며 매우 중요한 연주 기술이다.

그만큼 편리하고 기본적인 것이므로 깔끔하게 연주하는 것이 중요하다. '이 정도면 괜찮겠지', '뮤트

가 대충 된 것 같은데'라는 수준으로는 안 된다. 이미 마스터했다고 생각하더라도 이번 기회에 앰프를 통해 확인해보기 바란다.

각각의 코드 폼은 운지를 한 후에 바로 모든 줄을 연주하는 것이 아닌, 각 줄을 하나씩 차례대로 연주해본다. 뮤트한 줄은 울리지 않고, 울려야 하는 줄이 아르페지오처럼 서스테인을 한다면 합격이다. 도중에 의도하지 않게 울림이 멈춘다면 어딘가 아직 불완전한 것이다. 끈기를 가지고 개선해나가기 바란다.

비법 ▶ **코드 구성음을 명확하게 파악한다**

코드 구성음을 순서대로 연주하기 위해서는

'코드 톤 아르페지오'로 연주해본다

코드 톤 아르페지오 수법으로 코드의 구성음을 파악한다

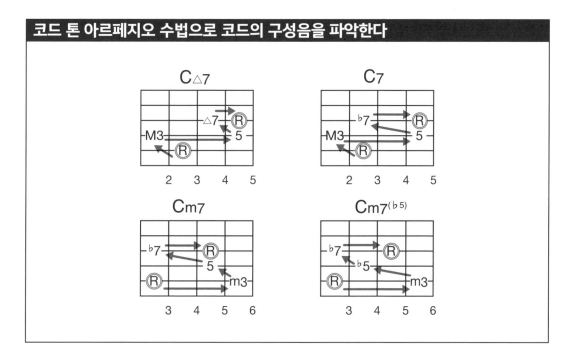

백킹뿐만 아니라 애드리브에서도 코드의 구성음을 파악하는 것은 매우 중요하다. 하지만 우리가 연주하는 기타라는 악기는 대부분의 코드 스타일에서 코드 구성음을 '루트, 3rd, 5th, 7th'로 순서대로 누르기는 어렵다. 피아노처럼 코드를 '도미솔시~♪, 레파라도~♪'와 같이 연주할 수는 없다. 이것은 재즈 기타 초급자 중 상당수가 코드의 구성음을 구체적으로 파악하지 못하고 있다는 것이 원인이다.

지판 위에서 코드의 구성음을 파악하기 위해서는 '코드 톤 아르페지오'라는 단음 연주 수법으로 한 음씩 순서대로 연주해보는 것이 좋다. 위에 주요 코드의 운지 예 몇 가지를 소개했다. 이밖에도 다양한 운지 패턴이 있으므로 각자 알아보기 바란다. 이 연습을 반복하면 코드 구성음을 파악하는 훈련이 되며, 애드리브에 코드 톤을 넣기 위한 운지 연습도 된다. '어떤 코드 타입으로 몇 도의 구성음을 누르는가'를 의식하면서 연주하는 것이 중요하다.

비법 > 지판 위의 음 배치를 외운다

오선 악보에 약하다면

지판 위의 음 배치를 모르는 것은 아닐까?

지판 위의 음 배치

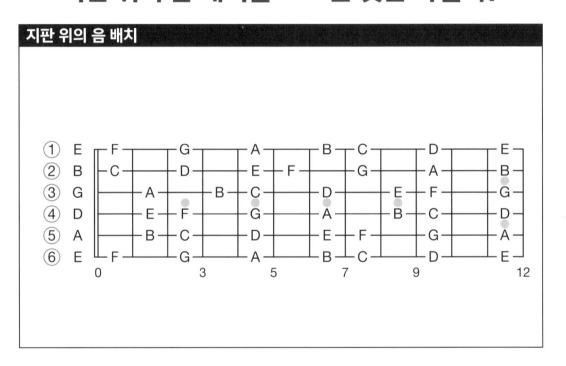

기타를 연주하는 사람 중에는 오선 악보에 약한 경우가 많다. 우리는 초등학교 때 동요를 부르면서 악보의 기초를 배웠다. 따라서 오선 악보의 '도' 위치 정도는 알 것이다. 나머지는 '도'에서 얼마나 떨어졌는지를 세어서 읽으면 된다.

　문제는 읽은 음을 실제 기타로 연주할 수 있느냐다. 지판 위의 음 배치를 기억하지 못했다면 어디를 눌러야 할지 알 수가 없다. 이것을 '오선 악보에는 약하다'라고 착각하는 것은 아닐까? 만약에 그렇다면 이번 기회에 음 배치를 외우기 바란다.

　효율적으로 외우는 방법 중에는 '♯, ♭이 없는 음만 기억한다', '기타를 세워두고 지판 위의 음 이미지를 떠올린다', '음 위치가 표시된 그림을 보면서 연주한다', '악기 없이 음의 배치도를 자주 본다' 등이 있다. 오선 악보를 연주하는 것은 재즈 기타뿐만 아니라 어떤 악기를 배우든 기본 중의 기본이다. 또한 재즈 교본이나 스탠더드곡 악보도 더욱 효과적으로 활용할 수 있게 되므로 반드시 마스터하자.

코드 진행을 '도수'로 파악한다

진행을 '도수'로 파악할 수 있게 되면

진행 패턴이 보이기 시작한다

지판 위의 도수 배치(상단)와 대표적인 키에서의 음정

5번 줄 (III)—IV—V—VI 5번 줄 (VII)—I—II—III

6번 줄 VII—I—II—III 6번 줄 IV—V—VI—VII

key＼도수	I	II	III	IV	V	VI	VII
C	C	D	E	F	G	A	B
F	F	G	A	B♭	C	D	E
B♭	B♭	C	D	E♭	F	G	A
E♭	E♭	F	G	A♭	B♭	C	D
G	G	A	B	C	D	E	F#

팝스나 록에 익숙하다면 재즈곡의 코드 진행이 어렵게 느껴질 수 있다. 하지만 정통적인 재즈곡에서는 'II-V-I' 또는 'III-VI-II-V' 등 몇 가지 심플한 진행 패턴이 자주 사용된다. 이 점에 주목하면 코드 진행은 쉽게 파악할 수 있다.

악보에서 코드 진행을 읽을 때, 우선 코드의 루트 위치를 파악하는 것은 재즈 기타에서도 마찬가지다. 저음 루트가 위치한 6&5번 줄의 도수 위치를 미리 파악해두면 악보의 코드에서 '진행 패턴'을 읽을 수 있다.

패턴의 조합으로 코드 진행을 보면 더욱 파악하기 쉬워진다. 키가 다르더라도 지판에서 도수의 위치 관계는 같으므로 다른 키로 연주할 때의 대응 능력도 향상된다. 위에 지판에서의 도수 관계와 대표적인 키에서의 음정을 정리해두었으므로 함께 참고하기 바란다.

비법 그 진행의 키는 무엇일까?

#과 ♭의 공식을 알면

키를 간단히 파악할 수 있다

주요 키와 #, ♭의 수

[♭계열 키]

	메이저 키	마이너 키
♭×1	F	Dm
♭×2	B♭	Gm
♭×3	E♭	Cm
♭×4	A♭	Fm

[#계열 키]

	메이저 키	마이너 키
#×1	G	Em
#×2	D	Bm
#×3	A	F#m
#×4	E	C#m

악보를 보면 우선적으로 키를 확인해야 한다. 키가 무엇이고, 장조인가, 단조인가를 정확히 파악해 플레이하는 것은 매우 중요하다. 예를 들어 어떤 곡에 Am7 코드가 있다고 하자. 키가 C인 경우와 F인 경우는 코드의 역할이 다르므로 사용하는 텐션과 대응 스케일도 달라진다. 이런 것은 알고 있더라도 키마다의 #, ♭(조표)을 기억하지 못해서 키가 확인되지 않은 채 연주를 시작하는 경우도 있을 것이다. 다음의 공식을 알고 있으면 언제든 간단히 키를 파악

할 수 있다.

♭계열 키에서는 우선, '♭ × 1개=F메이저'만 외운다. 2개 이상 붙으면 오른쪽에서 2번째 ♭음정이 메이저 키를 가리킨다. #계열에서는 가장 오른쪽에 붙은 #의 반음 위가 메이저 키를 가리킨다. 모두 마이너 키는 여기서 단3도 아래(=3프렛 아래)다. 장조와 단조의 판별은 I△계열 코드와 VIm 계열 코드의 사용 비율에서 추정한다. VIm가 많으면 마이너 키다.

♭×3개를 공식으로 푼 예

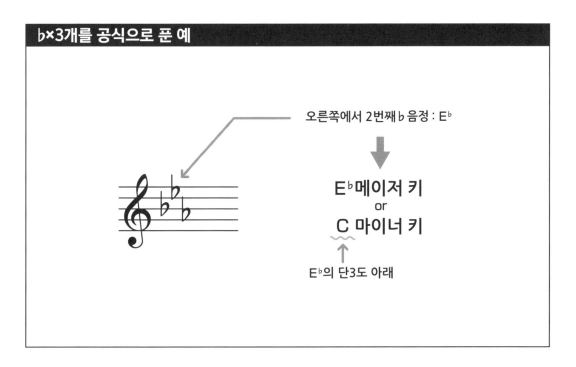

오른쪽에서 2번째 ♭ 음정 : E♭

↓

E♭ 메이저 키
or
C 마이너 키

↑
E♭의 단3도 아래

#×4개를 공식으로 푼 예

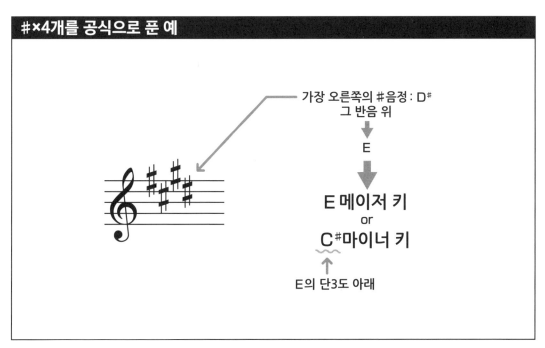

가장 오른쪽의 # 음정 : D#
그 반음 위

↓

E

↓

E 메이저 키
or
C# 마이너 키

↑
E의 단3도 아래

3성 코드로 다운업 스크로크 연주를 한다

스윙 계열을 멋지게 반주하기 위해서는

⬇

3성 코드로 '4로 나누기' 백킹를 한다

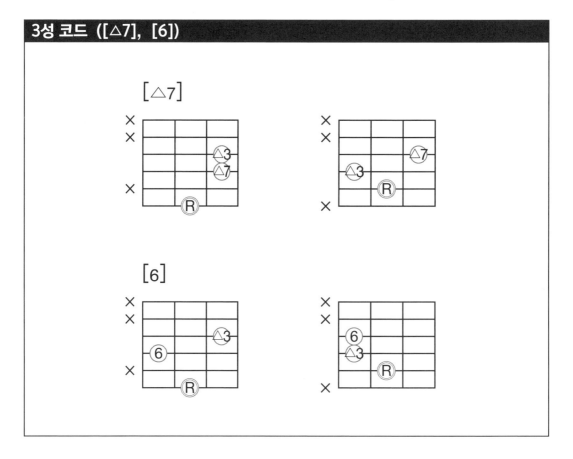

3성 코드 ([△7], [6])

빅 밴드, 딕시랜드 재즈 스윙 계열에서는 코드를 4분음 위주로 스트로크하는 '4로 나누기' 백킹이 중심이 된다. 이때 일반적인 포크 계열이나 록 계열의 코드 폼으로 연주해서는 재즈 분위기를 낼 수 없다. 재즈만의 '3성 코드'를 사용해야 쉽게 재즈스러운 사운드를 낼 수 있다. 여기서는 그 중에서도 기본적인 5가지 타입, 10가지 폼을 소개한다. 이 폼들의 구성음은 루트, 3rd, 7th(또는 6th)의 3음뿐이다. 5도음이 없

3성 코드 ([7], [m7/m7$^{(b5)}$], [m6/dim])

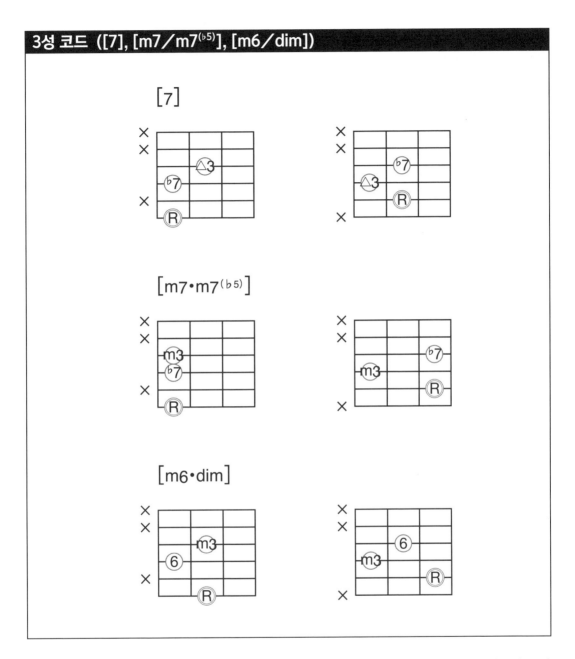

으므로 m7과 m7$^{(b5)}$, m6와 dim의 폼은 같다.

모든 폼에서 불필요한 줄을 뮤트하고 다운업 스트로크로 연주한다. 업 스트로크의 뮤트 타이밍을 명확하게 의식해서 플레이하면 그루브가 좋아진다.

밴드 연주 때에는 앰프 음량이 작은 편이 좋다. 특히 라이브 하우스에서 플레이하는 경우에는 '생음의 울림+α' 정도면 충분하다. 코드 사운드는 살짝 들리는 정도면 된다.

비법 2음으로 구성된 코드

기타와 피아노 연주가 충돌하지 않도록 하기 위해

⬇

구성음을 2음으로 줄여보자

2음 구성 코드

코드 타입	루트 위치
△7	가
6	나
7	다
m7 · m7 (♭5)	라
m6 · dim	마

△ : 누르지 않는다

재즈에서는 '4로 나누기' 이외의 코드 백킹을 전반적으로 '컴핑'이라고 부른다. 피아노가 왼손으로 '♪응, 찻, 차~'하며 연주하는 바로 그것이다. 컴핑에서 코드 악기가 기타뿐이라면 문제가 없지만 피아노나 오르간 등 다른 코드 악기가 있는 경우에는 화음이 충돌하거나 불협화음이 되는 경우가 있다. 이것을 가능한 피하기 위해서는 코드 안의 구성음을 줄여야 한다.

재즈에서 사용하는 주요 코드는 텐션을 제외하면 루트, 3rd, 5th, 7th(또는 6th)의 4음으로 구성되어있다. 이 중에서 루트와 5th는 베이스가 연주하는 경우가 많으므로 생략할 수 있다. 즉 3rd와 7th(또는 6th)의 2음만으로도 코드가 성립된다. 그리고 이 2음 구성의 코드는 컴핑 코드의 기본이 된다.

각 코드의 운지는 146페이지 폼 그림에서 'R'을 생략하기만 하면 된다. 결과적으로 운지 폼은 단 3가지다! 다만 코드의 루트음 위치(=가상 루트)를 정확히 파악해서 플레이하는 것이 중요하다.

흔히 볼 수 있는 진행을 2음 구성 코드로 연주한 예

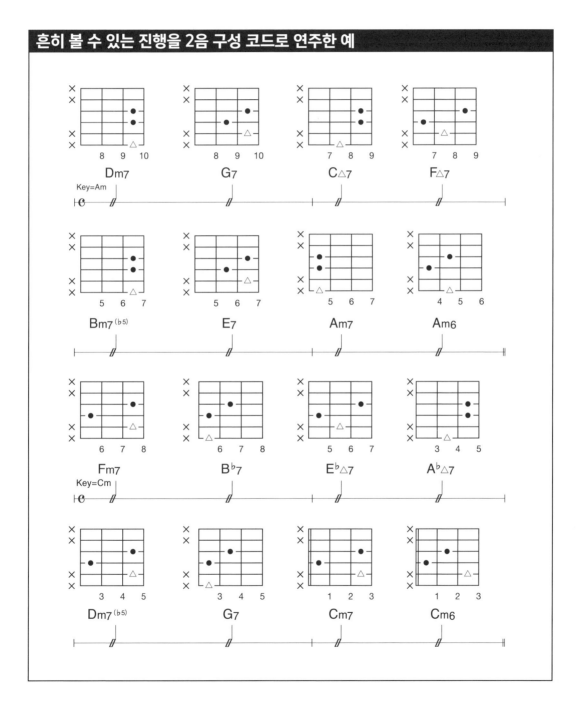

코드 앤티시페이션

컴핑에서 리듬이 부족할 때에는

⬇

반박자 빠르게 앤티시페이션을 해보자

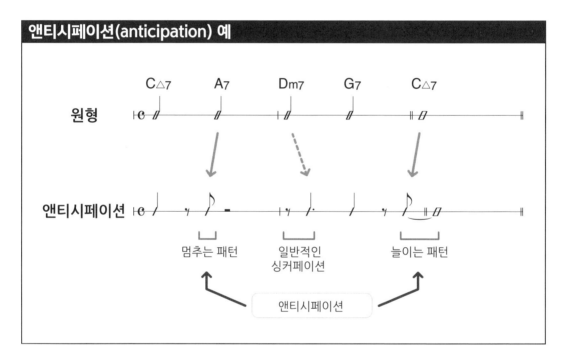

앤티시페이션(anticipation) 예

통통 튀는 정도나 싱커페이션 등 컴핑의 리듬에 많은 신경을 쓰고 있는데도 뭔가 부족하게 느껴진다면 아마도 어택이 없기 때문일 것이다. 일반적인 재즈 백킹에는 코드를 반박자 빠르게 연주하는 '앤티시페이션'이라는 리듬 기법이 자주, 그리고 랜덤으로 사용된다.

여기서 말하는 앤티시페이션은 팝스나 록에서 볼 수 있는 사전에 어레인지된 어택이 아니라, 어디까지나 즉흥적으로 사용되는 것이다. 이것으로 인해 앞쪽에서 굴러 들어가는 필링과 스윙에 드라이브를 주는 느낌을 추가시킬 수 있다. 또한, 어택 뒤쪽의 공간이 넓어지고 리듬 악센트가 어긋나서 보컬이나 프론트가 부각되는 2차적인 효과도 얻을 수 있다.

앤티시페이션 후에는 음을 멈추는 패턴과 늘이는 패턴이 있다. 그리고 반음 단위로 코드 이동을 하는 응용형도 있다(153페이지). 이것들을 랜덤으로 사용하면 리듬에 약동감이 생긴다. 간단한 방법이므로 반드시 시도해보자.

하모니에 살짝 손대기

같은 코드가 몇 마디 이어질 때에는

'클리셰'를 사용해서 지루함을 해결하자

2가지 클리셰

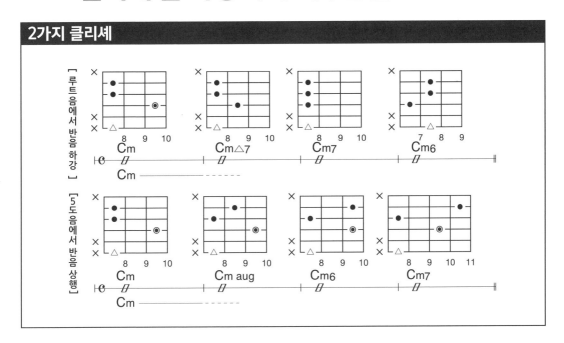

재즈곡에는 같은 코드가 여러 마디 이어지는 진행도 자주 등장한다. 이것을 그대로 하나의 코드로 연주하면 리듬에 변화를 주어도 단조로워진다. 이런 경우에 같은 코드 안에서 임의의 한 음정을 연속적으로 하강 또는 상행시키는 '클리셰'를 이용하면 하모니에 동적인 변화를 줄 수 있다.

여기서는 사용빈도가 높은 마이너 코드에서의 클리셰 2가지를 소개한다. 우선은 루트음에서 반음 하강하는 타입이다. 각각의 코드 네임을 굳이 붙인다면 'm→m△7→m7→m6'가 된다. 이것은 재즈 이외에서도 많이 이용되는 진행이다. 다음은 5도음에서 반음 상행하는 타입이다. 코드 진행으로 보면 'm→maug→m6→m7'이다. 때로는 'm→maug→m6→maug'로 플레이하는 경우도 있다. 하강 또는 상행 중 어느 쪽을 이용할 것인가는 멜로디와 다른 파트를 잘 들어보고 판단하기 바란다.

중급자 이상이라면 9th 또는 11th 텐션을 함께 사용한 클리셰에도 도전해보자. 운지가 복잡해지지만 멋진 하모니를 만들 수 있다.

비법 코드를 바꾼다

'투 파이브 진행'의 지루함을 해결하려면

코드를 '대리 코드'로 바꾼다

대리 코드의 사용 예

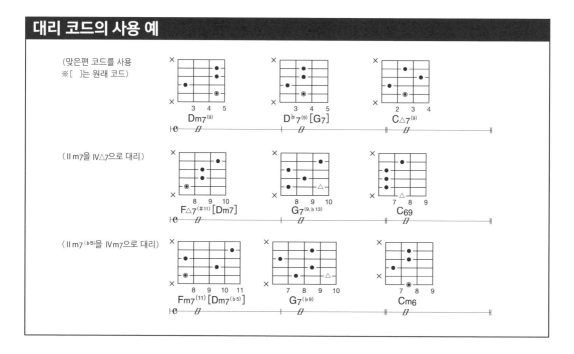

재즈 스탠더드곡에는 'Ⅱm7⇒V7' 또는 'Ⅱm7(b5)⇒V7' 등의 '투 파이브 진행'이 정말 자주 등장한다. 이것을 몇 코러스 그대로 연주해버리면 관객은 지루해할 것이다. 이때 '대리 코드'를 알아두면 편리하다. 이것은 구성음이 비슷한 코드로 바꾸는 테크닉으로, 이론이나 상세한 사항에 대해서는 다른 책을 참고하기 바라며, 여기서는 사용하기 쉬운 것을 소개한다.

'파이브(V7)'의 대리 코드라고 하면 '맞은편 코드'다. 증4도 떨어진 7th코드로 대리하는 흔히 사용되는

방법이다. 'Ⅱm7⇒V7⇒Ⅰ' 진행에 이용하면 'Ⅱm7⇒bⅡ7⇒Ⅰ'이라는 반음 하강하는 하모니 이행이 된다. 이것은 알고 있는 사람도 많을 것이다.

여러분이 잊기 쉬운 것이 '투(Ⅱ)' 쪽이다. Ⅱm7에는 Ⅳ△7의 대리가 자연스럽다. 여기서 사용할 수 있는 텐션은 9th, #11th, 13th다. Ⅱm7(b5)라면 Ⅳm7 대리가 잘 어울리며, 여기서는 텐션으로 9th, 11th, 13th를 사용할 수 있다. 모두 베이스가 Ⅱm7 또는 Ⅱm7(b5)인 상태로 플레이해도 전체적인 하모니에는 문제없다.

어긋나게 하는 테크닉

컴핑에 더욱 약동감을 주고 싶다면

반음 아래나 위에서 코드를 어긋나게 해보자

어긋나게 한 컴핑 예

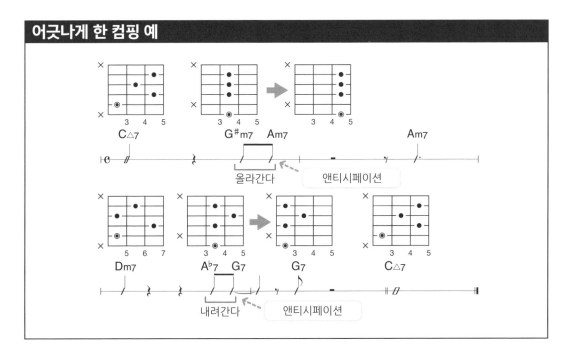

150페이지에서 컴핑 리듬에 약동감을 주는 방법을 소개했다. 하모니적인 면을 포함해서 드라이브 느낌을 더하기 위해서는 코드를 어긋나게 하는 방법을 사용하면 좋다. 가장 간단한 것은 목적한 코드에 대해서 그 반음 아래에서 올라가는 것이다. △7, m7 코드 타입은 그대로 두고 단순하게 반음 아래에서 어긋나게 하면 된다. 7th코드는 반음 위에서 내려가도 좋다. 다만 텐션음에 따라서는 부자연스럽게 들리는 경우가 있으므로 실제로 연주해보고 '귀'로 확인하자.

포인트는 반음 아래 또는 반음 위에서 코드를 넣는 타이밍이다. 목적한 코드가 어택 리듬의 '앤티시페이션'과 함께 울리므로, 반음 아래 또는 위의 코드는 그 직전 박에서 울리게 된다. 이 부분의 필링은 빅밴드 재즈의 혼 섹션을 들으면 참고가 될 것이다.

이러한 부가적 기법들은 너무 많이 사용하지 않도록 하자. 가끔씩 살짝 넣어서 듣는이의 예상을 기분 좋게 벗어나게 하는 것이 중요하다.

톱 노트로 서브 멜로디를 만든다

코드의 톱 노트를 잘 연결시키면

서브 멜로디(부선율)가 생겨난다

코드의 톱 노트로 서브 멜로디를 만든다

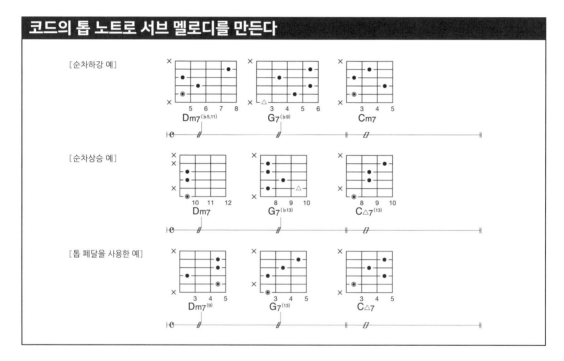

백킹에서 코드의 역할은 단순히 반주용 화음을 연주하는 것만이 아니다. 특히 코드의 톱 노트(=가장 높은 음)를 코드끼리 연계시키면 서브 멜로디(부선율)의 효과를 낸다. 즉 코드의 톱 노트를 컨트롤 할 수 있으면 더욱 멜로디어스한 백킹을 만들 수 있다.

이때 주의할 점이 텐션의 사용이다. 텐션은 코드 사운드를 변화시킬 뿐만 아니라 코드끼리 매끄럽게 연결시키는 데에도 이용할 수 있다. 예를 들어 톱 노트를 순차하강 또는 상행시키는 것, 또는 톱 노트를

고정시킨 상태에서 코드 체인지를 하는 '톱 페달'이 그런 경우다. 이 어프로치들은 코드 솔로의 기본이 되는 것이기도 하다.

톱 노트가 무신경하게 도약하는 백킹에서는 가수나 프론트 악기가 연주하기 힘들다. 앞으로는 루트음의 움직임은 물론 톱 노트의 움직임에도 주목하자. 이러한 의식개혁은 여러분의 백킹 센스를 확실하게 향상시켜줄 것이다.

모드곡의 백킹

모드곡을 멋지게 반주하기 위해서는

4도를 쌓은 코드로 컴핑한다

D도리안 위에 4도를 쌓은 코드

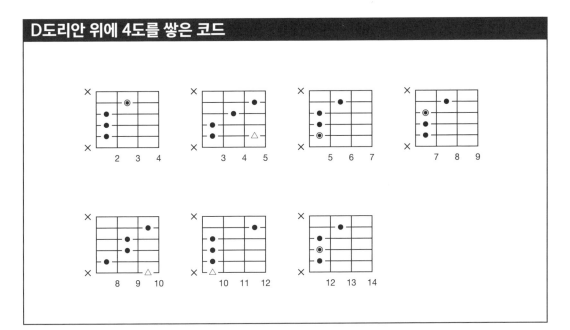

재즈에는 코드 진행보다 음계(모드)를 중시해서 플레이하는 스타일이 있으며 이것을 '모드 재즈'라고 부른다. 그 중에서도 마일스 데이비스의 'So What', 존 콜트레인의 'Impressions'는 세션에서 많이 들을 수 있는 인기곡이다. 모두 A-A-B-A 형식으로, 사용되는 코드는 A=Dm7, B=E♭m7뿐이다. 코드가 적은 것은 고마운 일이지만 실제로 플레이를 해보면 사용하는 코드의 재료가 금방 부족해진다는 점을 느낄 수 있다. 게다가 사운드도 원곡에서 동떨어져버릴 수 있다.

이러한 모드곡에서는 애매한 사운드가 특징인 '4도를 쌓은 코드'를 이용하는 것이 포인트다. 일반적인 코드는 3도씩 쌓는 반면에 이 코드는 4도를 쌓아서 구성된다. 위에 D도리안 스케일을 바탕으로 하는 4성 보이싱을 소개했다. 백킹에서는 이것들을 랜덤으로 컴핑하면 된다. 때로는 '어긋나게 하기(153페이지)'와 함께 연주해도 효과적이다. 피아노가 있는 편성에서는 2~4번 줄을 사용한 3성으로 하거나 연주하는 수를 줄이는 등의 방법으로 전체적인 사운드 밸런스를 잡아보자.

코드와 스케일을 세트로 외운다

스케일 운지를 외우기 힘들면

대응하는 코드 폼과 세트로 외운다

스케일과 대응 코드의 운지

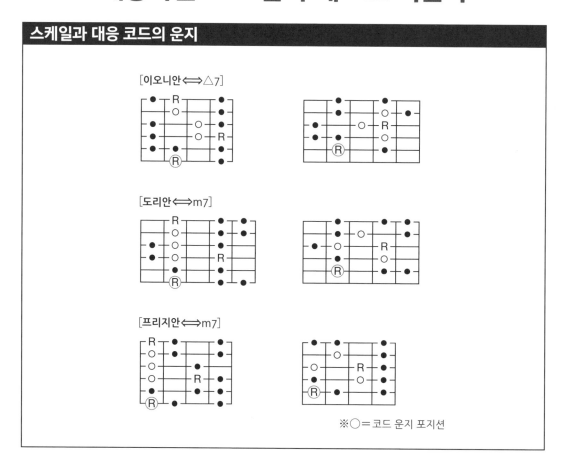

※○＝코드 운지 포지션

스케일 운지가 외우기 어렵다면 혹시 운지 패턴만으로 스케일을 파악하려고 하고 있지는 않은가? 스케일을 외울 때에는 스케일의 운지뿐만 아니라 대응하는 코드 폼과 세트로 파악하는 것이 포인트다. 코드의 운지 포지션은 반드시 스케일에 포함되므로 운지의 위치 기준이 된다. 실제 애드리브에서도 절대로 빗나가지 않는 안정적인 음으로 이용할 수 있다.

여기서는 다이어토닉 스케일을 파악하는 방법을 살펴본다.

스케일과 대응 코드의 운지

[리디안⟺△7]

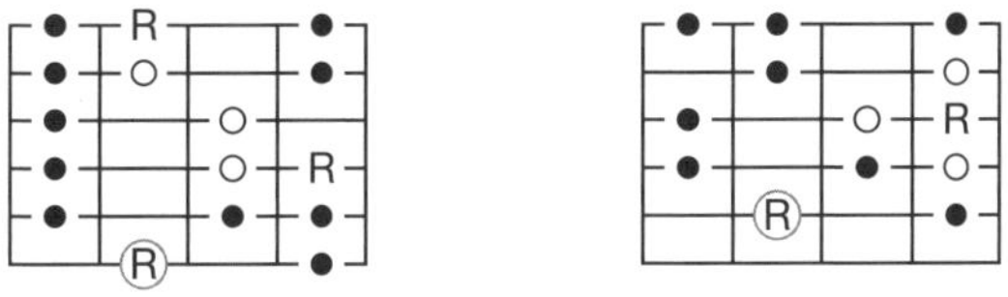

[믹솔리디안⟺7]

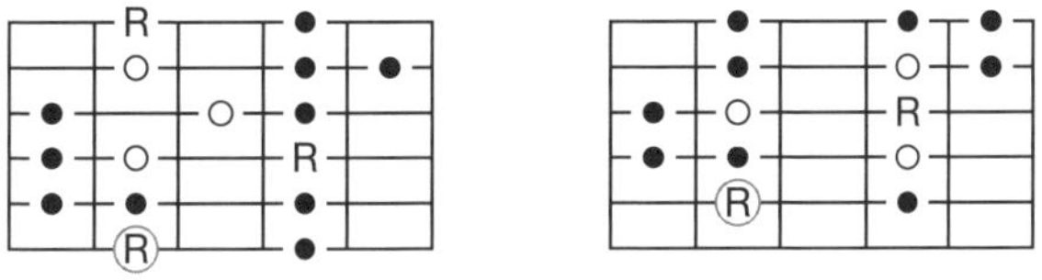

[에올리안⟺m7]

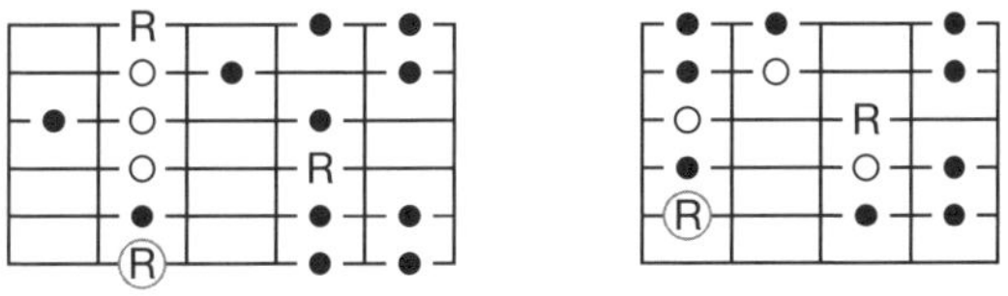

[로크리안⟺m7(♭5)]

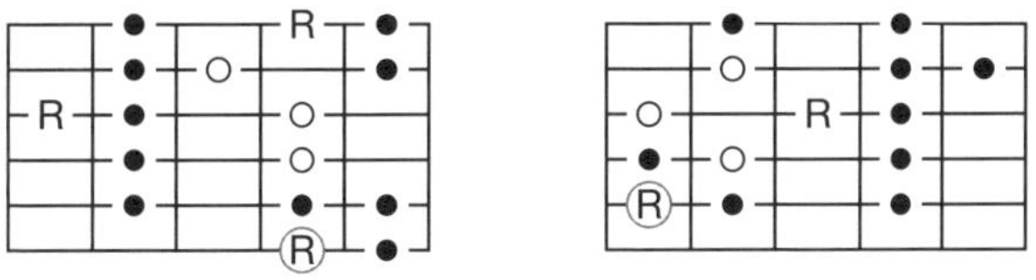

우선 기본이 되는 코드 폼이 있고, 그 주변에 스케일음을 배치하는 형태 2가지씩을 예로 소개했다. 다른 코드 폼도 각자 확인해보기 바란다. 이러한 작업의 반복을 통해 스케일을 몸에 익혀두어야 한다.

일반적으로 애드리브에 사용되는 여러 가지 스케일은 어떠한 코드에 대응해서 플레이한다. 스케일 연습을 할 때에도 대응하는 코드의 하모니를 느끼면서 연주하는 것이 매우 중요하다.

얼터드와 리디안7th에 대한 대처법

두 가지 모두 중요하지만 외우기 힘들다

멜로딕 마이너와의 관계를 확인하자

멜로딕 마이너와의 관계

지판 위 루트의 위치관계

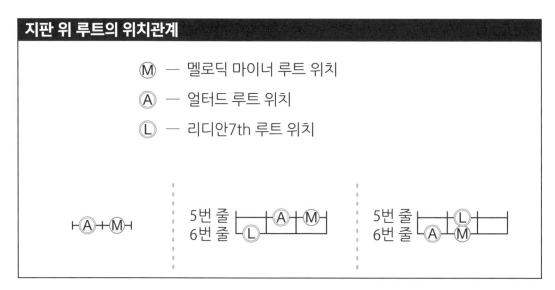

Ⓜ — 멜로딕 마이너 루트 위치

Ⓐ — 얼터드 루트 위치

Ⓛ — 리디안7th 루트 위치

얼터드 스케일과 리디안7th스케일은 재즈를 대표하는 스케일이라고 해도 과언이 아니다. 이 두 가지 스케일의 사용빈도는 매우 높으며 다양한 재즈 음원에서 들어볼 수 있다. 반면 팝스나 록에서는 거의 사용되지 않기 때문에 재즈 입문자에게는 낯설고 파악하기 힘들다. 프레이즈 예나 상세한 이론에 대해서는 다른 교본을 참고하기 바라며 여기서는 이들 스케일에 대처할 수 있는 아이디어를 소개한다.

포인트는 이 두 스케일이 멜로딕 마이너 스케일의 파생 스케일이라는 것이다. 얼터드는 제7음, 리디안 7th는 제4음에서 시작한다. 이것을 운지면에서 활용하면 예를 들어 G얼터드라면 그 반음 위의 ♭9th음정에서 시작하는 A♭멜로딕 마이너를 연주하면 된다. D리디안7th라면 그 5th음정에서 시작되는 A멜로딕 마이너로 대응한다. 어느 경우든 바탕의 코드 사운드를 의식할 필요가 있지만, 적어도 얼터드나 리디안7th를 그대로 연주하는 것보다는 편하게 플레이할 수 있을 것이다.

비법 초~중급자용 대표곡을 알아둔다

세션에 익숙해지려면

대표적인 세션곡을 알아둔다

세션에는 많이 연주되는 대표곡들이 있다. 그 중에서도 초~중급자가 비교적 플레이하기 쉬운 곡을 정리해보았다. 특히 초보자에게 어울리는 곡에는 '★' 표시를 해두었다.

All Of Me / ★Autumn Leaves / Bye Bye Blackbird / ★Beautiful Love / Billie's Bounce(블루스곡) / But Not For Me / Candy / Day By Day / The Days Of Wine And Roses / ★Fly Me To The Moon / I Love You / I'll Remember April / I'll Close My Eyes / It Could Happen To You / Just Friends / Lullaby Of Birdland / ★Moritat / Mr. P.C.(블루스곡) / Night And Day / ★Now's The Time(블루스곡) / Oleo / Ornithology / Satin Doll / Softly, As In A Morning Sunrise / Summertime / ★St. Thomas / There Is No Greater Love / There Will Never Be Another You / Take The 'A' Train / You'd Be So Nice To Come Home To

저자 프로필

카메이 타쿠마 *Takuma Kamei*

블루스, 록, 재즈 등 폭넓은 연주 스타일을 가진 기타리스트이자
음악강사. 이 책 이외에도 <살짝 진지한 재즈 기타>(Rittor-Music,
2000, 일본)를 비롯한 많은 교본을 집필했다. 이바라키현 도리데
시에서 예약제 개인 레슨을 하고 있으며, 라이브와 세센 등 활발
한 연주활동을 하고 있다.

Guitar
magazine

입문자를 위한
재즈 기타
트레이닝북

발행일 | 2025년 3월 3일 초판 1쇄 발행

지은이 | 카메이 타쿠마
펴낸이 | 하성훈
펴낸곳 | 서울음악출판사
주소 | 서울시 서초구 반포대로 22길 85 에덴빌딩 3층
인터넷 홈페이지 | www.srmusic.co.kr
등록번호 | 제2001-000299호·**등록일자** | 2001년 4월 26일

ⓒ 2025, 서울음악출판사

값 20,000원
ISBN 979-11-6750-120-2

Saikyo No Jazz Guitar Renshucho (Oogata Saikyo Ban)
© 2023 Takuma Kamei
All rights reserved.
Original edition published in Japanese by Rittor Music, Inc.

※ 잘못 만들어진 책은 구입처에서 교환해드립니다.